세금보다 상속법이 중요하다!

상속세 없는 상속법

상속법연구소 배명록 소장

박영사

머리말

일반인들은 상속법이 있는지조차 모르는 사람이 많다. 알아도 내용을 모르거나 잘못 알고 있는 사람이 너무 많다. 전직 대통령 가족도 유언방식에 맞지 않는 유언을 하여 분쟁이 생길 정도다. 왜 그럴까?

가장 큰 원인은 상속법 자체가 어렵기 때문이다. 가정마다 각각 다른 상황을 일일이 열거해서 규정할 수 없다보니 원칙만 간단하게 규정하고 있다. 용어도 어렵다. 그러니 실제 상황에서 어떻게 적용되는지 일반인들은 알 길이 없다.

거기에 이전의 상속법 서적들은 전문가를 위한 이론서가 대부분이었다. 일반인들이 쉽게 접근하기 어려웠다. 알기 쉬운 상속법 안내서가 절실하다.

이 책은, 사망 시간에 따라 상속인이 달라지는 경우부터 상속인이 누구인지, 상속재산이 아닌 것은 어떤 것이 있는지, 미리 받은 것은 어떻게 조정하는지, 기여분은 어느 정도 인정되는지 이해하기 쉽게 설명하였다.

나아가 유류분 부족액은 어떻게 계산하는지, 상속을 포기하는 것이 유리한지, 한정승인을 하는 것이 유리한지, 유언은 어떤 방식을 준수해야 하는지 등 대한민국 사람이라면 반드시 알아야 할 상속법의 A부터 Z까지를 누구나 알기 쉽게, 가장 정확하게 설명한 유일한 책이다.

저자는 상속법과 은퇴설계 강의만 3천 시간을 넘게 했다. 21년 동안 상속법을 연구하고 있다. 이 책은 일반인과 금융인, 재무설계사를 위해 법률서적 출판 명가 박영사와 상속법 명품강사 배명록 CFP®가 손잡고 어려운 상속법을 알기 쉽게 풀어 설명한 귀중한 책이다. 집집마다 상비약처럼 비치해 두고 참고하면 많은 도움이 될 것이다.

상속법연구소 소장 배명록

목차

9장 상속인이 없는 경우

10장 상속의 승인과 포기

11장   **돈 안 드는 보험, 보험료 없는 보험 ⇒ 유언에 가입하자!**

서장

상속세 없는 상속법

세금보다 상속법이 중요하다.

상속세 없는 상속법

세금보다 상속법이 중요하다.

32년 동안 은행원으로 근무하였고 상속설계와 은퇴설계 강의만 3천 시간을 넘게 했다. 20년 동안 PB 업무를 담당하면서 VIP 고객은 물론 일반고객까지 참으로 많은 사람과 다양한 삶의 고민을 함께 했다.

그때, 사람들이 재테크 못지 않게 다른 곳에 관심이 많다는 것을 알게 되었다. 우선, 세금 걱정을 많이 했고 그중에서도 상속세에 대한 관심이 높았다. 그 때문인지 상속세에 대해서는 예상보다 잘 알고 있었다.

그런데 상속세를 납부하는 비율은 5%에도 미치지 못하고 절대다수의 국민은 상속세와 관계가 없다는 통계를 보여주면 모두 안심하였다.

반면, 재산을 물려주고 물려받는 과정에서 다툼이 생기는 특별수익과 기여분, 유류분, 유언방식 등 민법상 상속(상속법이라 한다)에 대해서는 대부분 알지 못하거나 잘못 알고 있었다. 상속법과 세법은 다르다는 것도 모르고 있었다.

남은 재산을 무조건 N분의 1로 나눈다거나, 새아빠의 재산을 당연히 상속받는다거나, 평소에 말로 한 유언도 법적 효력이 있다거나, 증여받고 10년이 지나면 유류분반환을 청구하지 못한다는 등 잘못 알고 있는 사람이 너무 많았다.

뿐만 아니라, 재산을 물려주는 베이비붐 세대의 부모님들은 장남(외동아들)에게 재산을 몰아주는 경우가 아직도 흔하다. 조선시대도 아닌데 "딸은 출가외인"이라고 하거나 "내 말이 곧 법"이라고 하는 사람이 여전히 많다.

그에 반해 딸들과 차남 이하 자녀들은, 부모님 생전에는 차별과 설움을 참고

살았지만 부모님이 돌아가시고 나면 자신의 권리를 강하게 주장한다. 공평에 어긋나면 자신이 무시당한다고 느낀다. 자존심이 허락하지 않는다.

다툼이 급증하고 있다. 세대 간 인식차이가 자녀들의 다툼으로 비화되고 있다. 뿐만 아니라 이혼과 재혼, 양자 입양과 파양, 국제결혼이 늘면서 상속관계가 점점 복잡해지고 있다.

그러므로 재산을 물려줄 사람은 반드시 상속법을 알아야 한다. 상속인이 누구인지, 특별수익, 기여분, 유류분제도를 알아야 한다. 그걸 모르고 재산을 나눠주면 분쟁이 생긴다. 유언방식을 모르면 유언이 무효가 된다.

반면, 유언을 잘하면 상속분쟁을 완벽하게 예방할 수 있다. 유언은 건강할 때 가입하는 돈 안 드는 보험이다. 보험료 없는 보험이다.

물려받는 사람도 상속법을 반드시 알아야 한다. 특별수익과 기여분을 고려하면 예상하는 재산보다 적게 받을 수도 있다. 반대로, 생각했던 것보다 많이 받을 수도 있다. 유류분반환 청구를 당하면 보유재산에 큰 변화가 생길 수도 있다.

누구든지 한 번은 피상속인이 된다. 누구든지 한 번 이상 상속을 받게 된다. 누구도 상속법을 피할 수 없다. 상속은 아는 게 약이고 모르는 게 병이다.

그래서 이 책은 상속의 시작부터 유언방식에 이르기까지, 일반인들과 금융회사 직원들, 재무설계사들이 반드시 알아야 할 기본적인 내용을 알기 쉽게, 일목요연하게 정리하였다.

그리고 많은 경험을 통해 얻은 상속테크를 비롯하여 상속지분, 유류분 계산 등의 예시를 제시함으로써 실제 상황에 대입하여 쉽게 활용할 수 있도록 하였다.

이 책으로 상속법에 대한 기본지식을 가지고 개별사안에 관해 법률전문가와 상의하면 가족 사이의 분쟁 해결에 많은 도움이 될 것이다.

이 책에는 세금에 관한 내용이 없다. 대부분의 국민은 상속세와 관계가 없다. 세금보다 상속법이 중요하다. 그래서 이 책의 제목이 상속세 없는 상속법이다.

항상 옆에 두고 참고하면 많은 도움이 될 것이다. 재산보다 중요한 것이 가족이고 화목이다. 이 책이 가정의 화목과 평화에 기여하기를 소망한다.

1장

상속의 시작

1장 ⚖ 상속의 시작

가. 상속은 사망한 사람의 국적을 기준으로 한다.

상속은 보통 사망으로 시작되지만, 사망의 증명이 없더라도 실종선고, 부재선고, 인정사망의 경우에도 시작된다. 이때 사망한 사람을 '피상속인'이라 하고 상속받는 사람을 '상속인'이라고 한다.

그러나 의식불명, 식물인간, 뇌사 상태에서는 상속이 시작되지 않는다.

상속은 사람이 사망한 때 그 사람의 본국법에 따르는 것을 원칙으로 하므로 피상속인이 외국 국적이면 그 나라 상속법에 따른다. 만약 둘 이상의 국적을 가진 경우 그중 하나가 대한민국이면 우리나라 상속법을 기준으로 한다.

그러나 상속을 받는 사람, 즉 상속인의 국적은 어느 나라든 상관없다. 무조건 피상속인, 즉 사망한 사람의 본국법이 정하는 기준에 따른다.

나. 사망과 동시사망 – 사망 시각에 따라 상속인이 바뀐다!

사람이 사망한 사실은 일반적으로 의료기관이 발급한 사망진단서에 의해 증명된다. 사망진단서에는 사망 시각이 24시각제로 적혀있는데 그 시각을 기준으로 상속이 시작되고 상속관련 법률의 적용 및 상속재산의 평가 시기도 그 시각을 기준으로 결정된다.

피상속인이 사망했다는 것을 상속인이 몰랐더라도 상속은 시작된다. 그러므로 상속에 있어 사망한 시각은 매우 중요하다. 특히 교통사고, 화재 등으로 2인 이상이 한꺼번에 사망하였을 때 문제가 된다.

각자의 정확한 사망 시각을 구분할 수 있으면 그에 따라 순차적으로 상속하면 되는데 그 시각을 정확하게 알 수 없는 때도 있다. 이때는 동시에 사망한 것으로 추정하는데, 동시에 사망한 사람들 사이에는 상속이 발생하지 않는다는 점이 특히 문제가 된다.

사례

남편 A와 아내 B는 미혼 아들 C와 함께 살았고 남편 A에게는 노모가 있었다. 남편 A가 아들 C와 함께 차를 타고 가다가 남편 A의 잘못으로 사고가 발생하여 두 사람 모두 사망하였다. 사망 당시 남편 A의 재산은 200이고 아들 C의 재산은 100이었다. 사망의 선후에 따른 상속인의 변화를 살펴보자.

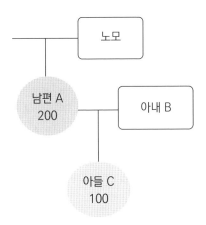

ⓐ 남편 A가 먼저 사망한 경우, A의 재산은 아내 B가 120을, 아들 C가 80을 받게 되어 아들 C의 재산이 180이 되었다. 이어 아들 C도 사망했는데 결혼을 하지 않았으므로 가장 가까운 직계존속(어머니)인 B가 180을 전부 상속한다.

결론적으로 아내 B가 300을 단독으로 상속하는 결과가 된다.

ⓑ 아들 C가 먼저 사망한 경우, C의 재산은 부모인 A와 B가 각 50씩 상속받아 남편 A의 재산이 250이 되었고 아내 B는 50을 받았다. 이어 남편 A가 사망하여 A의 재산 250을 아내 B와 직계존속인 노모가 공동상속하게 되어 아내 B가 150을 받고 노모가 100을 받는다.

아내 B의 상속분 합계는 200 이다.

ⓒ 남편 A와 아들 C가 동시에 사망한 경우, 남편 A와 아들 C 사이에는 상속이 개시되지 않으므로 남편 A의 재산은 아내 B가 120을, 노모가 80을 받는다. 아들 C의 재산은 모친인 B가 단독상속 한다.

결론적으로 아내 B가 220을, 노모가 80을 상속한다.

예시에서 본 바와 같이, 사망 시각에 따라 상속인도 바뀌고 법정상속분도 변동된다는 것을 알 수 있다. 사망 시각은 상속인의 결정, 상속의 승인·포기 기간 계산, 유류분반환청구권의 소멸시효 등 여러 면에서 큰 의미를 가지므로 사망 시각이 서로 근접한 경우에는 각 사망일시가 사망진단서 등에 정확하게 기록되었는지 진료기록부 등을 통해 반드시 확인할 필요가 있다.

다. 실종선고 - 예상 밖의 사망일

사람이 사망했다는 명백한 증명은 없지만 그 가능성이 매우 높을 때 법원으로부터 실종선고를 받으면 사망한 것으로 간주하여 상속이 시작된다.

사람의 생사가 5년간 분명하지 아니한 때 이해관계인이나 검사의 청구에 의하여 법원이 실종선고를 하면 상속이 개시된다. 이를 보통실종이라고 한다.

또한 전쟁에 임한 자, 침몰한 선박 중에 있던 자, 추락한 항공기 중에 있던 자, 기타 사망의 원인이 될 위난을 당한 자의 생사가 전쟁 종료 후 또는 선박의 침몰, 항공기의 추락, 기타 위난이 종료한 후 1년 동안 분명하지 아니한 때도 같다. 이를 특별실종이라고 한다.

여기서 주의해야 할 부분이 있다. 일반인들이 생각하기에는 실종선고를 받으면 사망일자가 실종된 그날이거나 그게 아니면 법원이 실종을 선고한 날이 사망한 날이라고 생각하기 쉽다는 것이다.

그러나 둘 다 아니다. 실종선고로 인한 상속은 실종기간의 만료일에 시작된다. 이 부분은 매우 중요하다. 예를 들어 보자.

A는 2019.08.20. 선박 침몰 사고로 실종되었는데 당시 가족으로 아내 B와 노모가 있었고 따로 사는 여동생도 있었으며 A가 남긴 재산은 100 이었다.

2021.10.15. 노모가 사망하자 아내 B는 남편 A에 대한 실종선고 심판을 청구하고 2022.05.10. 실종이 선고되어 확정되었다. 언뜻 보면 혼자 남은 아내 B가 남편의 재산 100 전부를 단독상속하는 것으로 생각하기 쉽지만 그렇지 않다.

남편 A가 사망한 것으로 간주되는 날짜는 침몰 사고가 난 2019.08.20.도 아니고 실종선고가 확정된 2022.05.10.도 아니다. 침몰 사고가 난 날로부터 1년이 지난 2020.08.20.이다. 실종기간의 만료일이라고 한다. 이날 상속이 시작된다.

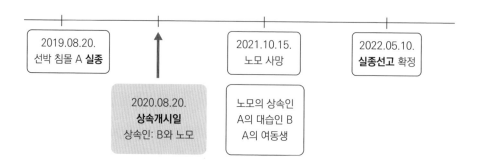

그런데 상속이 시작된 2020.08.20.에는 노모가 살아 있었으므로 A의 상속인은 아내 B와 노모가 되어 아내가 60을 받고 노모가 40을 받는다. 그 후에 노모가 사망했으므로 노모가 받은 40은 아들 A와 딸(A의 여동생)이 각각 20씩 나누어 받아야 한다.

그런데 A는 이미 사망했으므로 A가 받을 20은 아내 B가 대습하고 A의 여동생은 살아 있으므로 20을 그대로 받는다. 결과적으로 아내 B가 80을, 여동생이 20을 받게 된다. 아내가 단독상속하는 것으로 예상했던 것과 다른 결과를 보여준다.

한 가지 추가한다면, 실종선고를 청구하는 것은 신중해야 한다는 점이다. 최근 5년 동안 실종선고 청구 대비 약 70%만 인정되고 있다. 그러나 일단 청구하기로 했으면 사망 가능성이 얼마나 높은지, 부재자의 재산 등을 정리하지 못하여 가족들에게 어떤 고통이 따르고 있는지 설득력 있게 주장해야 한다.

라. 부재선고와 인정사망

부재선고란 군사분계선 이북지역에서 이남지역으로 옮겨 새로 가족관계등록을 창설한 사람 중 이북지역에 거주하는 것으로 표시된 잔류자에 대해 부재선고를 하면 그 심판이 확정된 날 상속이 시작되는 것을 말한다. 전국적으로 연간 약 20건 정도 된다.

인정사망이란 수해, 화재나 그 밖의 재난으로 사망의 확증은 없으나 사망한 것이 거의 확실한 경우 실종선고를 거치지 않고 이를 조사한 관공서가 사망지의 시장 등에게 사망일시를 추정하여 통보함으로써 상속이 시작되는 것을 말한다.

1995년 삼풍백화점 붕괴사고 때 30명, 2003년 대구지하철 화재사고 때 1명 통보된 것이 전부일 정도로 실제 적용된 경우는 아주 드물다.

2장

상속받을 수 있는 사람, 상속받을 수 없는 사람

2장 상속받을 수 있는 사람, 상속받을 수 없는 사람

가. 누가 상속받을까?

피상속인의 직계비속(자녀, 손자녀 등)을 1순위로, 직계존속(부모, 조부모 등)을 2순위로, 형제자매를 3순위로, 4촌 이내의 방계혈족을 4순위로 상속인이 된다.

배우자는 직계비속이 있으면 직계비속과 공동상속인이 되고 직계비속이 없고 직계존속이 있으면 그 상속인과 공동상속인이 되며, 직계비속과 직계존속 모두 없는 때에는 단독상속인이 된다. 그러니까 항상 상속인이 된다.

이때 상속채무가 상속재산보다 많으면 배우자 혼자만 한정승인을 하여 청산 업무를 처리하고 자녀들은 모두 상속포기 신고를 하는 경우가 있다.

과거 대법원은 그 경우 다시 손자녀(또는 직계존속)와 배우자가 공동상속인이 된다고 하여 손자녀들과 외손자녀들 모두 상속포기신고를 해야 했으나 2023년 대법원은 그 경우 배우자 단독상속으로 종결된다고 변경하였다.

단, 배우자도 자녀들과 함께 상속을 포기하면 상속순위가 손자녀와 외손자녀 로 넘어가게 되므로 주의해야 한다.

같은 순위의 상속인이 여러 명일 때에는 피상속인과 촌수가 가장 가까운 사람 이 선순위가 되고 촌수가 같은 상속인이 여러 명일 때에는 공동상속인이 된다.

다시 말하면 자녀와 손자녀가 있으면 자녀들이 선순위 상속인이 되고, 2순위가 상속인이 되는 경우 부모와 조부모가 있으면 부모가 상속인이 되며, 4순위가 상속인이 되는 때에는 3촌 관계인 고모, 삼촌, 조카, 외삼촌, 이모 등이 선순위 상속인이 되고 4촌 형제자매들은 그 다음 순위가 된다는 뜻이다.

상속인이 누구인지는 기본적으로 가족관계증명서와 제적등본, 입양관계증명서 등에 나타난 사람을 기준으로 판단한다.

1) 상속받는 배우자, 상속받지 못하는 배우자

여기서 배우자는 혼인신고를 한 법률혼 배우자를 말한다. 피상속인의 가족관계증명서에 배우자로 표시된다.

정당하게 혼인신고가 되어 있는 이상 결혼식을 안 올렸더라도, 오랫동안 별거하고 있더라도, 졸혼선언을 했더라도, 상속재산 형성에 기여한 바가 없더라도, 국적이 피상속인의 국적과 달라도, 사망 하루 전에 혼인신고를 했더라도, 초혼과 재혼을 가리지 않고 배우자로서 상속한다.

그러나 결혼식을 올리고 신혼여행을 다녀왔더라도 혼인신고를 하기 전에 어느 한쪽이 사망하였을 때 살아 있는 한쪽은 상속인이 되지 못한다. 반면 마주치기만 하면 싸우는 부부도 어느 한쪽이 사망하면 생존배우자는 상속권이 있다.

이혼한 후에는 과거 배우자의 재산을 상속하지 못한다. 그러나 이혼소송 중에 어느 한쪽이 사망하거나 이혼의 효력이 발생(이혼신고, 재판확정, 조정성립 등)하기 전에 어느 한쪽이 사망하면 생존한 배우자는 상속인이 되고 이혼소송과 재산분할청구 소송은 그 즉시 종료된다.

여기서 문제가 되는 것은 남편의 부정행위로 아내가 이혼 및 재산분할을 청구하였는데 이혼소송 중에 아내가 사망하면 오히려 남편이 아내의 재산을 상속한다는 것이다. 그러므로 착한 사람은 반드시 건강하게 오래 살아야 한다.

사실혼 배우자는 함께 산 기간이 아무리 길어도 상속인이 되지 못하며 사망한 후에는 재산분할청구권도 행사하지 못한다. 그러므로 미리부터 재산을 나누어 소유하는 것이 좋다.

다만 유족연금, 유족보상금, 주택임차권, 자동차종합보험 등 사실혼 배우자도 그 지위를 인정하는 경우가 있다.

그러나 사실혼 배우자로 인정되려면 양쪽 모두 법률혼 배우자가 없어야 한다. 어느 한쪽이라도 법률혼 배우자가 있는 경우에는 원칙적으로 사실혼으로 인정받지 못하는데, 다만 그 법률상 혼인이 형식적으로만 존재하고 실질적으로는 이혼한 것과 마찬가지로 볼 수 있는 경우에는 사실혼으로 인정받을 수 있다.

그런데 어떤 사람은 사실혼 상대방이 사망하기 직전 사실혼 파기를 선언하고 사실혼 해소에 따른 재산분할을 청구했는데 법원이 그 재산분할청구권을 인정한 사례가 있다.

2) 직계비속 – 4명의 부모로부터 상속받는 자녀도 있다.

피상속인의 가족관계증명서(폐쇄, 상세)에 자녀로 표시된 사람이 직계비속으로 가장 먼저 상속인이 되고 그 자녀들의 가족관계증명서에 자녀로 표시된 사람(피상속인의 손자녀, 외손자녀)이 다음 순위로 상속인이 된다.

사위와 며느리는 직계비속이 아니다. 직계비속은 피상속인의 배우자가 있으면 그 배우자와 공동상속인이 된다.

옛날에는 장남과 차남 이하, 남자와 여자, 결혼한 자녀와 미혼 자녀의 상속에 차별이 있었으나 지금은 차별 없이 평등하게 균분공동상속한다.

법률혼 부부가 낳은 친생자녀는 당연히 상속인이 된다. 자녀의 국적이 부모의 국적과 달라져도 상속인의 지위에 변함이 없다. 또한 성과 본을 변경하더라도 친족관계와 상속관계는 그대로 유지된다.

가) 4명의 부모로부터 상속받는 자녀도 있다.

입양된 양자는 양부모의 가족관계증명서에 자녀로 등록된다. 친생자와 같다. 그런데 새로 생긴 친양자와 과거부터 있어 왔던 일반양자는 다른 부분이 있다.

새로 생긴 친양자는 입양과 동시에 입양 전의 친족관계가 종료되고 성과 본도 양부 또는 양모의 성과 본으로 바뀐다. 더 이상 친생부모의 가족관계증명서에 자녀로 표시되지 않으며, 따라서 친생부모 쪽으로부터는 상속받지 못한다.

양부모의 가족관계증명서에만 자녀로 표시되고 양부모 쪽으로 상속인이 된다. 입양특례법에 따라 입양된 아동 역시 위 친양자와 동일한 지위를 갖는다.

반면, 과거부터 있어 왔던 일반양자는 입양된 후에도 친부모와의 친족관계가 그대로 유지된다. 양부모의 가족관계증명서에도 자녀로 표시되고 친생부모의 가족관계증명서에도 자녀로 표시되어 있다.

성과 본을 양부모의 것으로 바꿔도 아무 영향이 없다.

그래서 양아버지, 양어머니는 물론 친아버지, 친어머니로부터 상속받는다. 다른 가정으로 입양 갔음에도 친생부모의 자녀로 계속 남아 있도록 한 이 규정은 옛날 방식이다. 이에 대해 그의 형제자매들은 형평성에 어긋난다고 주장한다.

한편, 입양으로 발생한 양친자관계는 파양이라는 절차에 의해 종료될 수 있고 양자는 양부모로부터 상속할 수 없게 된다.

그런데 앞에서 본 친양자의 경우 입양되면 친생부모와의 친족관계가 단절된다는데 파양되면 어떻게 될까? 입양 전의 친족관계가 부활되어 다시 친생부모로부터 상속받을 수 있게 된다.

반면 부모가 이혼하더라도 부모와 자식관계는 변함이 없다. 누가 양육했는지 아무 상관이 없다. 이혼하면서 자녀는 한쪽에서 키우고 따로 재혼하여 60년 넘게 서로 떨어져 살아도 부모와 자녀관계는 변함이 없으므로 자녀는 1순위 상속인이 된다.

친할머니가 친손자를 아들로 입양한 경우에도 그 자녀는 1순위 상속인이 된다.

나) 새아빠, 새엄마 재산도 상속받을 수 있을까?

재혼하면서 기존 자녀와 함께 살더라도 새아빠 또는 새엄마가 그 자녀를 입양하지 않으면 그 자녀는 새아빠 또는 새엄마의 상속인이 되지 못한다. 자녀의 성을 바꾸고 주민등록등본에 함께 기재되어 있어도 상속인이 될 수 없다.

반면 입양을 하면 친양자든 일반양자든 새아빠 또는 새엄마의 상속인이 된다.

새엄마 또는 새아빠의 상속인이 된다는 뜻은 새엄마 또는 새아빠의 가족들과도 상속관계가 형성된다는 뜻이다. 예를 들면, 딸이 결혼을 하는데 사위에게 이미 자녀 C가 있다.

그 C를 딸이 입양하면 친정부모의 외손자가 되고 따라서 나중에 딸이 친정부모보다 먼저 사망하면 아무 혈연관계가 없는 C가 대습상속인이 된다.

그리고 최근에는 재혼부부가 서로 상대방의 미성년 자녀를 친양자로 입양하는 경우가 늘고 있다. 예를 들면 남편이 법원의 허가를 받아 아내의 기존 미성년 자녀를 친양자로 입양하는데 그러면 그 자녀는 재혼 남편의 친생자녀가 되고 자녀의 성도 자동으로 재혼 남편의 성으로 바뀐다.

동시에 그 자녀와 친아버지의 친족관계는 종료된다. 그렇더라도 어머니 쪽으로 상속관계는 그대로 유지된다. 어머니는 바뀌지 않았기 때문이다.

문제는 그 후 다시 이혼하면 생긴다. 아내와는 이혼했고 친양자도 아내와 함께 떠났으니 자신은 더 이상 부양의무가 없다는 재혼 남편의 생각은, 그러나 법원으로부터 파양허가를 받지 못하면 부자관계가 유지되고 이혼이 친양자 파양의 이유가 될 수 없으며 파양요건도 까다롭다는 점에서 문제가 된다.

이는 아내가 재혼 남편의 자녀를 친양자로 입양했다가 이혼한 경우에도 동일하게 적용된다.

다만, 최근 5년 연평균 약 50여건의 친양자파양청구를 받은 법원이 약 60%를 허가하고 있는데 이는 싫다는 사람에게 억지로 부자관계를 유지하라고 하면 오히려 자녀에게 해가 될 수도 있다는 걱정이 반영된 것 같다.

다) 태아도 상속받는다.

아버지가 사망했을 때는 태아였어도 살아서 출생하면 아버지 사망 때로 소급하여 상속인이 된다. 그러므로 대습상속권과 유류분반환청구권도 가지게 되고 태아였을 때 유언으로 재산을 받은 것이 있으면(유증) 그것도 유효하다. 각종 연금법 등이 정한 보상금청구권도 가지게 된다.

그러나 사산, 유산, 낙태 등으로 인해 살아서 태어나지 못하면 상속인이 될 수 없고 위의 권리들은 소멸한다. 그러므로 상속인 중에 태아가 있으면 가급적 출생을 기다린 후에 상속관계를 정리하는 것이 합리적이라 하겠다.

그리고 냉동된 남편의 정자를 이용하여 남편 사망 후에 수정·임신하거나(생명윤리법상 불법) 생전에 형성된 수정란을 남편 사망 후에 모체에 착상시켜 임신하여 태어난 자녀는, 남편 사망 당시 태아는 아니었지만, 유전학적으로 남편의 자녀가 분명하다면 그의 자녀로 인정할 수 있다는 하급심 판결이 있다.

라) 혼인외의 자녀도 상속받는다.

혼인외의 출생자도 아버지가 스스로 자기의 자녀라고 인정하거나(임의 인지), 자녀 등이 인지청구의 소를 통해 인정받거나(재판상 인지), 아버지가 출생신고를 함으로써 그 출생 시로 소급하여 상속인이 될 수 있다.

인지는 태아에 대해서 할 수도 있고, 유언으로도 할 수 있다. 아버지가 이미 사망한 때에는 그 사망을 안 날로부터 2년 내에 검사를 상대로 인지청구의 소를 제기해도 된다.

또한 아버지 사망 후 인지 또는 재판의 확정에 의해 상속인이 되면 아버지의 상속재산분할을 청구할 수 있는데, 다른 공동상속인이 이미 분할 기타 처분을 한 때에는 그 상속분에 상당한 가액의 지급을 청구할 권리가 있다.

한편, 혼인외의 출생자와 어머니 사이에는 어머니의 인지나 출생신고를 기다리지 않고 자녀의 출생으로 당연히 법률상의 친족관계가 생기는 것이므로 그 혼인외 자녀는 당연히 어머니의 1순위 상속인이 된다. 물론, 그 모로부터 출생한 사실이 증명되어야 한다.

📖 출생통보제도

2024.07.19.부터 아동이 출생한 의료기관에서 출생자의 모의 성명과 주민등록번호, 출생한 아동의 수, 성별 등에 관한 정보를 건강보험심사평가원을 거쳐 모의 주소지 지방자치단체장에게 통보하는 제도를 말한다. 이 제도의 파생효과로서 모와 자녀의 관계가 거의 대부분 증명될 것으로 보인다.

반면 「보호출산제」는 산모가 누구인지 비밀로 한다는 점에서 출생통보제와 반대로 작용할 것으로 보인다.

마) 자녀가 아닌 것으로 밝혀지면 상속받지 못한다.

가족관계등록부에 친생자녀로 등록되어 있지만 친생자녀가 아니라는 명백한 사유가 있으면 친생부인의 소 등을 제기할 수 있고 그 인용판결이 확정되면 부모와 자녀의 관계는 소급하여 소멸하고 그로써 상속인에서 제외된다.

남편이 자녀가 출생하기 전에 사망한 경우에는 남편의 직계혈족만이 그 사망 사실을 안 날로부터 2년 내에 친생부인의 소를 제기할 수 있으며, 남편 또는 아내가 유언으로 친생부인의 의사를 표시한 때에는 유언집행자는 친생부인의 소를 제기하여야 한다.

그러나 그 자녀가 출생한 후에 친생자녀임을 승인한 사람은 다시 친생부인의 소를 제기하지 못한다. 아내가 제3자의 정자를 제공받아 인공수정으로 자녀를 출산하는 데 남편이 동의했거나 남편이 인공수정 자녀에 대해 친자관계를 공시·용인해 왔다고 볼 수 있는 경우 나중에 남편이 이를 번복하고 (생물학적 혈연관계가 없다는 것을 이유로) 친생부인의 소를 제기하는 것은 허용되지 않는다.

바) 대리모가 낳은 아이는 누구를 상속하는가?

저출산 해결이 국정과제라고 하는 한편에서는 대리모 출산이 이슈가 되고 있다. 그 자체가 불법이지만 대리모가 낳은 아이의 부모를 정하는 것이 문제가 된다.

아이의 아버지는 유전자 검사 등을 통해 혈연관계가 비교적 쉽게 확인되므로 인지절차를 거쳐 그를 상속하면 된다. 그러면 아이의 어머니는 누구일까?

아내의 난자와 남편의 정자를 체외에서 수정하여 대리모의 체내에 착상시켜 임신하고 출산한 경우 아내는 난자의 주인인 자신이 아이의 어머니라고 주장한다.

그러나 법원의 다수의견은 난자가 누구 것이든 아이를 임신하고 출산한 사람을 어머니라고 보고 있다. 결국 대리모가 낳은 자녀는 대리모를 상속한다.

출생증명서나 출생사실 통보에 반드시 출생자 어머니(출산한 사람)의 성명을 기재하도록 되어 있는데 거기에 기재된 것과 출생신고서에 기재된 아이 어머니의 성명이 일치해야 출생신고를 받아준다.

다만, 아내(난자를 제공한 사람)가 그 아이를 친양자로 입양함으로써 자신과 친족관계를 맺고 대리모와의 모자관계를 단절시키는 방법은 있다.

3) 직계존속 – 시부모는 직계존속이 아니다.

피상속인의 가족관계증명서에 부모로 표시된 사람이 먼저 상속인이 되고 그 부모가 없거나 모두 상속을 포기하면 아버지의 부모(할아버지와 할머니)와 어머니의 부모(외할아버지와 외할머니)가 다음 순위로 상속인이 된다.

중요한 것은 피상속인의 채무가 많아 상속을 포기할 때 부모는 물론, 조부모와 외조부모가 살아 있으면 그들도 반드시 상속포기 신고를 해야 한다는 점이다.

며느리에게 시부모는 직계존속이 아니며 사위에게 장인과 장모도 직계존속이 아니다. 며느리가 자식 없이 사망하면 며느리의 재산은 아들(며느리의 남편)과 사돈(며느리의 부모)이 공동으로 상속하고 시부모는 상속하지 못한다.

결혼한 아들이 자식 없이 사망하면 부모와 그의 아내가 공동상속하고 장인과 장모는 상속하지 못한다.

사례가 있다. 식당을 아들에게 물려주려는데 아들보다 며느리가 더 열심이다. 시부모는 그런 며느리를 이쁘게 여겨 재산의 상당 부분을 며느리 이름으로 해두었는데 자녀가 없던 아들과 며느리가 갑자기 교통사고로 동시에 사망하였다.

그러자 며느리 재산을 사돈이 받아 갔다. 앞으로 서로 볼 일도 없을 것이니 눈 딱 감고 상속받아 갔다. 반면, 시부모가 재산을 며느리 이름으로 옮길 때 증여세를 안 내려고 자금출처를 철저하게 감추었으니 그게 사실은 내 재산이라고 주장할 증거도 거의 남아 있지 않았다.

상속순위가 직계존속 이하가 되는 상속에서 중요한 것은 반드시 피상속인의 입양관계증명서를 교부받아 상속인을 확인해야 한다는 점이다.

왜냐하면 일반양자로 입양된 사람이 사망하고 그에게 배우자와 자녀가 없거나 모두 상속을 포기하면 다음으로 양부모와 친생부모가 모두 상속인이 되는데, 현행 양자의 가족관계증명서에는 양부모만 나타나고 친생부모는 나타나지 않기 때문이다. (다만, 친생부모의 가족관계증명서에는 양자로 보낸 자녀도 자녀로 나타난다)

피상속인의 채무가 많아 상속인들 모두 상속을 포기할 때 또는 금융회사 등이 예금 등을 직계존속 이하 순위에게 지급할 때 피상속인의 가족관계증명서는 물론 입양관계증명서와 제적등본 등으로 입양 여부와 친생부모가 있는지 여부 등을 확인함으로써 상속인이 누락되는 오류를 방지할 필요가 있다.

4) 형제자매 - 부모 중 어느 한쪽만 같아도 형제자매이다.

형제자매의 유류분권이 폐지된 것을 듣고 형제자매의 상속권도 폐지되었다고 오해하는 사람도 있으나 형제자매의 상속권과 대습상속에 관한 규정은 그대로 유지되고 있다.

일반적으로는 아버지와 어머니가 모두 같은 사람 사이를 형제자매라고 한다. 그러나 아버지와 어머니 중 어느 한쪽만 같아도 형제자매이다. (동성)이복형제자매, (이성)동복형제자매라고 한다.

아버지의 가족관계증명서에 자녀로 함께 표시되어 있는 사람도 형제자매이고 어머니의 가족관계증명서에 자녀로 함께 표시되어 있는 사람도 형제자매이다.

그러나 아버지도 다르고 어머니도 다르면 형제자매가 아니다.

주로 평생 독신으로 사는 성직자 등이 노령으로 사망한 경우 그 직계존속은 이미 사망하고 없고 그 형제자매들이 상속인이 되는 경우가 여기에 해당한다. 가족관계증명서뿐만 아니라 제적등본으로 확인하는 게 가장 정확하다.

일반양자로 입양된 사람이 사망하고 상속채무가 많아 상속인들이 모두 상속을 포기할 때는 그의 입양관계증명서까지 교부받아 양아버지의 가족관계증명서와 양어머니의 가족관계증명서는 물론, 친아버지와 친어머니의 가족관계증명서도 모두 확인하여 거기에 '자녀'로 표시된 사람들(피상속인의 형제자매) 모두 상속포기의 신고를 해야 한다.

5) 4촌 이내의 방계혈족 – 평생 본 적도 없는 상속인

먼저 백숙부, 고모, 외삼촌, 이모, 조카 등이 공동상속인이 되고 그 상속인이 없거나 전부 상속을 포기한 경우 사촌(백숙부의 자녀), 고종사촌, 이종사촌, 외사촌, 종손(형제의 손자), 이손(누이의 손자)은 물론 심지어 조부모의 형제자매, 외조부모의 형제자매도 상속인이 된다. 상속인의 범위가 상당히 넓다.

여기까지 상속인이 되는 경우는 상속재산이 많은데도 선순위 상속인이 없는 경우보다 상속채무가 많아 선순위 상속인들이 모두 상속을 포기하여 마지막 순위까지 오게 된 경우가 대부분이다.

그래서 여기서는 주로 상속포기가 관심사가 되는데 일반인들이 예상하는 것보다 훨씬 더 많은 사람이 불편을 겪는다.

그러면 의문이 생긴다. 굳이 4촌까지 상속인으로 규정할 필요가 있나? 그렇다. 흔하지는 않지만, 상속재산이 있는데도 선순위 상속인이 없는 경우 피상속인의 재산을 바로 국가에 귀속시키는 깃보다 사촌이라도 받게 하는 깃이 국민에게 이익이 된다. 반대로, 상속채무가 더 많을 때는 불편이 아주 크다.

나. 대습상속

1) 대습상속이란 무엇인가?

상속인이 될 직계비속 또는 형제자매가 상속개시 전에 사망하거나 피상속인과 동시에 사망하여 상속을 받지 못하게 된 경우 또는 피상속인에 대한 범죄행위 등으로 결격자가 된 경우 그 직계비속이나 배우자가, 사망하거나 결격된 자의 순위에 갈음하여 상속인이 되는 것을 '대습상속'이라고 한다.

여기서 '먼저 사망한 사람'을 '피대습인'이라 하고 대신 받는 사람을 '대습인(= 대습상속인)'이라고 한다.

예를 들면 아들이 자녀와 배우자를 두고 아버지보다 먼저 사망했는데 나중에 아버지가 사망하면, 아버지보다 먼저 사망한 아들의 몫을 아들의 자녀(손자녀)와 배우자(며느리)가 대습상속한다.

2) 바람난 사위도 처가 재산 상속받고, 애인 생긴 며느리도 시부모 재산 상속한다.

먼저 사망한 사람의 배우자가 재혼하면 대습상속인이 될 수 없다. 그래서 재혼하지 않고 기다렸다가 처가 또는 시댁의 재산을 상속하는 경우가 있다.

결혼한 딸이 부모보다 먼저 사망했다. 몇 년 뒤 소문을 들으니 사위가 바람이 났다는데 재혼신고를 하지 않으면, 나중에 부모(사위의 장인·장모)가 사망했을 때 사위가 처가 재산을 상속한다.

며느리가 남편(피상속인의 아들) 사망 후 따로 살면서 애인이 생겼다는데 재혼하지 않으면 나중에 남편(피상속인의 아들) 대신 시부모의 재산을 상속한다.

3) 며느리의 전략적 선택

이런 사례도 있다. A씨에게는 딸 한 명과 아들 한 명이 있었다. 딸은 결혼하여 멀리 살았고 아들은 7년 전에 사망하였다.

그 아들에게는 딸(피상속인의 손녀) 한 명과 아내(피상속인의 며느리)가 있었는데, 3년 전에 며느리가 재혼하면서 딸(피상속인의 손녀)을 재혼한 남자의 일반양자로 입양시키고 성과 본도 그 남자의 것으로 바꿔버렸다. 그때부터 왕래도 끊겨서 인연이 끝난 줄 알았다.

그런데 이번에 A씨가 사망했는데 재산이 10억 원 남았다. 딸이 10억 원 전부를 단독으로 상속받을 수 있을까? 아니다. 딸이 5억 원을 받고 사망한 아들의 몫 5억 원은, 옛날 며느리의 재혼 남편에게 일반양자로 입양된 손녀가 받는다.

뿐만 아니라 손녀가 아직도 미성년자이면 옛날 며느리와 그 재혼 남편이 딸의 부모로서 받아 간다. 법을 잘 아는 옛날 며느리가 재혼을 하면서도 대습상속을 고려하여 자기 딸(피상속인의 손녀)을 재혼 남편의 친양자로 입양시키지 않고 일반양자로 입양시킨 것이다.

이런 경우 미리 유산 전부를 딸에게 유증하는 방법도 있지만 그래도 손녀는 유류분으로 2억 5천만 원을 청구할 수 있다. 피로 맺어진 인연은 아주 질기다.

4) 아들이 상속을 포기하면 손자가 대습할 수 없다.

상속인이 될 사람이 살아 있음에도 상속을 포기한 경우에는 대습상속 요건이 아니다. 그러므로 자녀가 상속을 포기하면 손자녀는 대습상속을 할 수 없다.

그런데 여기서 혼동하면 안 되는 부분이 있다. 자녀들과 배우자가 모두 상속을 포기하는 경우 이때는 손자녀가 상속인이 된다. 이때 손자녀는 대습상속인의 지위가 아니고 본위상속인으로서 상속인이 된다.

채무가 상속재산보다 많아 상속을 포기하는 경우 특히 주의해야 한다.

앞에서 설명한, 배우자만 한정승인을 하고 자녀들이 모두 상속을 포기하면 배우자 단독상속으로 종결되는 경우와 다른 점을 꼭 기억해야 한다.

5) 동시사망에 해당하는 경우에도 대습상속이 적용된다.

동시에 사망한 사람들 사이에는 원칙적으로 상속이 발생하지 않는다. 그러나 대습상속은 적용된다. 유명한 대법원 판례를 간략하게 소개한다.

수천억 원대 자산가 A씨는 아내와 사이에 딸 한 명과 아들 한 명을 두었는데 딸은 B씨와 결혼하여 2명의 자녀를 두었고 아들도 부인과 사이에 딸 한 명을 두었다. 그런데 사위 B씨를 제외한 A씨 부부와 아들의 가족 전부, 딸과 외손자녀 등이 함께 탑승 중이던 항공기의 추락사고로 모두 동시에 사망하였다.

A씨에게 다른 직계비속이나 직계존속은 없고 사위인 B씨와 형제자매들이 남아 있었다.

우선 아들 가족들은 전원이 사망하였으므로 대신 받을 상속인이 없다. A씨의 재산은 누가 상속할까?

A씨가 먼저 사망하고 딸(B의 배우자)이 나중에 사망했다면 A씨의 재산은 딸을 거쳐 B가 받고, 딸이 먼저 사망한 경우에도 대습상속 규정에 따라 B가 받는데 동시사망 추정의 경우에는 대습상속을 할 수 없다면 공평에 반한다며 사위인 B씨가 딸의 배우자로서 장인인 A씨의 재산을 단독상속 한다고 판결하였다.

6) 형수, 제부 등 형제자매의 배우자들이 상속채무를 떠안을 수 있다.

상속채무가 많거나 복잡하여 피상속인의 배우자와 직계비속, 직계존속이 모두 상속을 포기하면 다음 순위는 피상속인의 형제자매가 된다. 이 상황에서 형제자매가 이미 사망하고 없는 경우 문제가 된다.

형제자매가 없으니 형제자매의 자녀(피상속인의 조카)들만 상속포기의 신고를 하면 사촌으로 넘어가는 것으로 알고 피상속인의 형수, 제수, 자형, 매제, 올케언니, 올케, 형부, 제부 등은 상속포기의 신고를 하지 않는 경우가 있다.

그러나 이들은 4순위보다 우선하는 3순위 대습상속인이다. 그러므로 정해진 기간까지 상속포기 또는 한정승인을 하지 않으면 상속채무를 떠안을 수 있다. 법을 잘 몰랐다는 것으로는 상속채무를 벗어날 수 없다.

7) 문제는 상속결격의 경우에도 대습상속이 적용된다는 점이다.

상속결격이란 이어 서술하는 바와 같이 피상속인 등에게 범죄행위를 저지르는 등 악행의 정도가 심한 사람에 대해 상속인의 지위를 박탈하는 것을 말한다.

악행을 저지른 자는 당연히 상속인의 자격을 잃는데 문제는 그 사람이 원래 받을 수 있었던 상속분을, 그의 자녀와 배우자가 대신 받을 수 있다는 점이다.

예를 들면 아들이 부모를 살해하여 부모의 재산이 상속되는데 아들 대신 그의 자녀와 배우자가, 원래 아들이 받을 상속분을 대신 받는다는 것이다. 이 부분에 대해서는 반론이 많다. 윤리에 반한다는 것이다.

그러나 국회는, 아들의 악행을 이유로 손자녀와 며느리까지 되돌릴 수 없는 징벌을 받게 하는 것은 과도하다 또는 피상속인이 손자녀와 며느리에게 재산을 줄 의사가 있을 수 있다는 등의 이유를 들어 현행 규정을 유지하고 있다.

8) 대습상속인의 법정상속분은 어떻게 정해지나?

사망한 사람(피대습인)을 갈음하여 상속인이 된 사람(대습상속인)의 상속분은 사망한 사람이 받을 상속분에 따르고 그들 사이에서는 법정상속분에 따른다.

예를 들어 딸과 아들 중에서 아들이 먼저 사망하고 그 아들에게 자녀 1명과 배우자가 있는데 아버지가 2억 원을 남기고 사망한 경우, 아들이 원래 상속받을 상속분은 1억 원(딸과 아들이 각 1/2)인데 이것을 배우자가 3의 비율로, 자녀가 2의 비율로 상속하므로 배우자가 6천만 원, 자녀가 4천만 원을 상속한다.

다. 상속결격 [상속에 있어 가장 강력한 징벌]

피상속인 등에 대한 범죄행위 또는 유언에 관한 부정행위 등 악행의 정도가 심한 자는 당연히 상속자격이 박탈되는 것을 상속결격이라고 한다. 이에 해당하는 행위를 하면 별도의 절차를 거치지 않고 바로 상속인의 자격을 잃는다. 다만, 범죄를 저지른 자가 상속받을 자격이 있다고 우기면 법원이 결정한다.

꼭 형사처벌을 받아야만 하는 것도 아니다. 상속결격자는 상속재산도 못 받고, 유증도 못 받고, 기여분도 주장할 수 없고, 유류분권도 없다. 상속에서 완전히 배제된다. 가장 강력한 징벌이다.

다음 어느 하나에 해당하는 자는 상속인이 되지 못한다.

- 고의로 직계존속, 피상속인, 그 배우자 또는 상속의 선순위나 동순위에 있는 자를 살해하거나 살해하려 한 자

- 고의로 직계존속, 피상속인과 그 배우자에게 상해를 가하여 사망에 이르게 한 자

- 사기 또는 강박으로 피상속인의 상속에 관한 유언 또는 유언의 철회를 방해한 자

- 사기 또는 강박으로 피상속인의 상속에 관한 유언을 하게 한 자

- 피상속인의 상속에 관한 유언서를 위조·변조·파기 또는 은닉한 자

1) 상속결격 사유는 엄격해석의 원칙이 적용된다.

상속결격은, 법정사유가 인정되면 상속권 박탈이라는 중대한 효과가 법률상 당연히 발생하므로 그 사유를 엄격하게 해석하여야 하며 유추에 의하여 확장하는 것은 허용되지 않는다.

그리고 상속결격이 되더라도 이미 증여받은 재산을 반환할 의무는 없다. 다만 그 증여가 유류분을 침해한 경우에는 유류분반환의 대상이 될 수는 있다.

2) 함부로 낙태하면 남편의 재산을 상속받지 못할 수도 있다.

남편이 사망하자 아내는 앞으로 태어날 아기를 혼자 키우며 살아갈 걱정에 낙태를 했는데, 시부모가 "며느리는 상속의 동순위자인 태아를 살해했다."라며 상속결격을 주장했고 아내는 결국 남편의 재산을 상속하지 못했다.

다른 자녀도 없어 남편의 재산은 전부 시부모가 상속하였다.

낙태가 합법이든 불법이든 상관없다. 그러므로 남편 사망 후 태아를 낙태하는 것은 신중해야 한다. 다만 임산부의 건강, 보건의학적 이유 등 모자보건법에서 허용하는 인공 임신중절 수술에 해당하거나 임산부의 의지와 상관없는 사산 또는 유산의 경우에는 상속결격 사유에 해당하지 않을 것이다.

3) 실수는 상속결격 사유가 아니다.

자녀가 주차하는데 부모가 도와주다가 자녀가 실수로 가속페달을 밟아 부모가 사망하는 경우도 있다. 자녀는 돌이킬 수 없는 실수를 자책하며 살겠지만 상속결격 사유는 아니다. 그러므로 법적으로는 사망한 부모를 상속할 수 있다.

4) 피상속인이 용서하더라도 상속받지 못한다.

피상속인이 상속결격자를 용서하더라도 상속결격자는 상속받지 못한다. 그러나 강박으로 피상속인의 상속에 관한 유언을 하게 하는 등 그 사유가 피상속인의 생전에 발생했는데 피상속인이 그를 용서하여 재산을 증여하는 경우에는 이를 막을 방법은 사실상 없다.

반면 상속이 개시된 후 유언서를 파기하는 등으로 상속결격 사유가 피상속인 사망 후에 발생하면 상속이 개시된 때로 소급하여 상속자격을 잃는다.

5) 상속결격자가 못 받는 것을 그의 자녀와 배우자가 대습상속한다.

바로 앞 대습상속 부분에서 언급한 바와 같이 상속결격자가 못 받는 상속분은 그의 자녀와 배우자가 대습상속할 수 있다. 상속결격자의 유류분도 대습한다. 다만, 대습상속인이 유류분 상실 사유에 해당하면 유류분이 상실될 수는 있다.

이 부분에 대해 반론이 많아지고 있다. 또한 상속결격 사유 중 직계존속과 배우자의 범위가 어디까지인지 등 아직도 판례가 확립되지 않은 부분도 있다.

6) 불합리한 부분은 보완되어야 한다.

가) 치매에 걸린 부모를 외국에 데리고 가서 버리는 패륜아도 있다. 유기라고 한다. 그로써 부모가 사망하면 유기치사가 된다. 엄하게 처벌하는 패륜범죄다. 그런데 상속결격 사유에는 빠져있다. 반드시 포함해야 할 것이다.

물론, 뒤이어 설명하는 상속권 상실제도에 일부 반영되었지만 그 대상을 피상속인의 직계존속에 한정함으로써 그보다 훨씬 더 사례가 많은 자녀의 부모에 대한 유기치사 등 범죄에 대해서는 여전히 제재를 가할 수 없는 상황이다.

나) 상속의 선순위자나 동순위에 있는 사람에게 상해를 가하여 사망에 이르게 한 자를 상속결격 사유에 규정하지 않은 것도 불합리하다.

다) 상속결격자의 상속분과 유류분을 최소 한도로 삭감하지도 않고 그의 자녀와 배우자가 100% 대습상속하는 것도 불합리하다는 의견이 많다.

라. 상속권 상실 선고제도 – 통칭 구하라법

어린 자녀를 부양하지 않았던 부모가 그 자녀의 사망보험금 또는 재산을 상속하는 것에 대한 비난이 일면서 신설된 제도이다. 구하라법으로 통칭된다.

1) 사유 – 주로 어린 자녀를 돌보지 않은 부모가 대상이다.

가) 피상속인의 직계존속으로서, 피상속인이 미성년자일 때 그 부양의무를 중대하게 위반한 경우 이에 해당한다. 어린자녀를 돌보지 않은 부모가 대상이다.

반대로, 자녀가 부모를 부양하지 않은 경우는 여기에 해당되지 않는다. 그러나 부모를 유기한 경우 뒤에 나오는 유류분 상실 사유에는 해당될 수 있다.

나) 피상속인의 직계존속으로서, 피상속인에게 중대한 범죄행위(상속결격 사유에 해당하는 경우는 제외)를 하거나, 심히 부당한 대우를 한 경우 해당한다.

주로, 자녀를 학대하거나 유기하거나 자녀에 대하여 성폭력행위를 서시든 경우 그 자녀의 사망에 따른 상속권을 상실한다는 뜻이다.

다) 피상속인의 직계존속으로서, 피상속인의 배우자나 직계비속에게 중대한 범죄행위(상속결격에 해당하는 경우는 제외)를 하거나 심히 부당한 대우를 한 경우 이에 해당한다.

예를 들면, 시아버지가 며느리에게 성폭력을 저지르거나 심히 부당한 대우를 하여 그 충격으로 며느리의 남편(시아버지의 아들)이 사망한 경우 시아버지는 아들의 직계존속이지만 상속인이 될 수 없다는 말이다.

2) 절차 – 법원이 결정한다.

위 사유 가)와 나)의 경우에는 ⓐ 피상속인이 그 직계존속에 대하여 공정증서에 의한 유언으로 상속권 상실의 의사를 표시하고 유언집행자가 상속권 상실을 청구하거나 ⓑ 피상속인의 유언이 없더라도 우선순위 상속인이 6개월 이내에 법원에 상속권 상실을 청구하면 된다. 당연히 조정전치주의가 적용된다.

상속권 상실청구는 피상속인이 사망한 후에만 가능하다. 생전에는 안 된다.

그리고 위 사유 다)의 경우에는 피상속인이 그 직계존속에 대하여 공정증서에 의한 유언으로 상속권 상실 의사를 표시한 경우에 한하여 유언집행자가 가정법원에 상속권 상실의 청구를 할 수 있다.

그런데 반드시 2명 이상의 증인이 참여한 공정증서 유언이 있어야 하는 점, 공증사무실이 없는 시, 군, 구가 75% 이상이고 대상 인구가 2,830만 명이라는 점은 해당 조항의 실효성에 의문이 들게 하는 부분이다.

3) 효과 - 상속결격의 경우와 다르다.

가) 상속권 상실선고가 확정되면 상속개시 당시로 소급하여 상속권을 상실하고 상속권을 전제로 한 유류분권도 상실된다. 당연히 기여분청구권도 사라진다. 피상속인이 용서해도 상속권은 상실된다. 이 부분은 상속결격의 경우와 같다.

나) 상속권 상실선고를 받은 사람은 유언집행자가 될 수 없다. 이 부분도 상속결격의 경우와 같다.

다) 신설한 제1004조의2를 제1064조에 준용하지 않는 한 상속권 상실선고를 받더라도 유증은 받을 수 있다. 반면 상속결격자는 유증을 받을 수 없다.

라) 상속권 상실선고를 받는 자는 피상속인의 직계존속이다. 따라서 애초부터 대습상속 규정은 적용되지 않는다. 반면 상속결격자는 피상속인의 직계비속도 해당되므로 대습상속이 적용된다.

마) 일부 상속권 상실사유는 피상속인의 유언을 필수요건으로 하고 있다. 이는 피상속인의 유언을 요건으로 규정하지 않은 상속결격과 다른 부분이다.

바) 반대 상황, 즉 어린 자녀를 부양하지 않은 부모가 자녀보다 먼저 사망하는 경우 그 자녀는 1순위 상속인으로서 상속받을 수 있다.

3장

받아도 되는 재산과
받으면 안 되는 재산

3장 받아도 되는 재산과 받으면 안 되는 재산

가. 상속재산이 아닌 것도 있다.

사람이 사망하면 그의 재산에 관한 권리와 의무는 포괄적으로 상속된다. 다만 공무원의 지위 등 일신전속적인 것은 상속되지 않는다. 그런데 상속은 되는 것 같은데 상속재산이 아니라는 것도 있다.

그리고 나날이 새로운 종류의 재산이 생기고 그 형태도 수시로 바뀌고 있다. 점점 복잡해지고 있다. 그래서 부득이 대표적인 것만 간추려 설명한다.

1) 부동산 등 물권은 당연히 상속된다.

부동산이나 자동차 등의 소유권, 저당권, 점유권 등 물권은 원칙적으로 전부 상속된다. 다른 사람에게 명의를 신탁해 둔 것도 상속된다. 다만 농지의 경우 상속인이 농업경영을 하지 않으면 1만 제곱미터를 초과하는 부분은 1년 내에 처분해야 한다.

2) 제사용 재산은 상속은 되지만 상속재산은 아니다.

분묘에 속한 1정보(약 1만 제곱미터) 이내의 금양임야와 600평(약 2천 제곱미터) 이내의 묘토인 농지, 족보와 제구 등의 소유권은 제사를 주재하는 자가 이를 상속한다. 선조와 피상속인의 유체·유골도 제사주재자가 상속한다.

금양임야란 선조의 분묘가 있고 분묘 주변의 벌목을 금지하며 나무를 기르는 임야를 말한다. 선산이라고 한다. 그러나 분묘가 없던 곳에 이번에 처음으로 피상속인의 묘소를 설치한 땅은 금양임야가 아니다.

묘토인 농지란 경작하여 얻은 수확으로 선조들의 분묘의 관리비용 또는 제사비용 등을 조달해 왔던 농토로서 계속 그에 사용될 특정의 분묘에 속한 것을 말한다.

제사용 재산은 상속재산분할의 대상이 아니다. 또한 제사를 주재하는 사람이 그 재산을 받았다고 해서 상속재산을 덜 받는 것도 아니며, 제사를 주재하게 되었다고 해서 더 받는 것도 아니다.

제사용 재산은 특별수익이 아니다. 그러므로 유류분산정 대상에서 제외된다. 또한 제사주재자가 상속을 포기해도 승계할 수 있으며, 한정승인을 하더라도 '상속으로 인하여 취득할 재산의 한도'에 포함되지 않기 때문에 이들 재산까지 팔아 상속채무를 갚아야 할 의무도 없다.

그럼 누가 제사를 주재하는가? 제사주재자는 우선적으로 공동상속인들 사이의 협의에 의해 정한다. 대법원은 제사주재자를 특정한 1인으로 정하라고 하였다. 이때 피상속인의 배우자가 제사주재자가 되기도 한다.

문제는 협의가 이루어지지 않는 경우에 있다. 그런 경우 과거에는 장남이 우선 제사주재자가 되고 장남이 이미 사망한 경우에는 장손자가 제사주재자가 되며 아들이 없는 경우에만 장녀가 제사주재자가 된다고 하였다.

그러나 대법원은 2023년 이 경우 피상속인의 직계비속 중 아들, 딸, 혼인 중의 자녀, 혼인외의 자녀를 불문하고 최근친의 연장자가 제사주재자가 된다고 변경하였다. 장녀의 나이가 장남보다 한 살이라도 많으면 기혼이든 미혼이든 제사주재자가 되는 것이 원칙이다.

다만 그 자가 평소 부모를 학대하거나 모욕 또는 위해를 가하는 행위, 조상의 제사를 거부하거나 합리적인 이유 없이 부모의 유훈에 현저히 반하는 행위 등으로 정상적으로 제사를 주재할 의사나 능력이 없다고 인정되거나 피상속인의 명시적·추정적 의사, 공동상속인들 다수의 의사, 피상속인과의 생활관계 등을 고려할 때 그 사람이 제사주재자가 되는 것이 현저히 부당하다고 볼 수 있는 특별한 사정이 있는 경우에는 제사주재자 지위확인청구 소송을 통해 그 사람 대신 피상속인의 배우자 또는 다른 직계비속을 제사주재자로 정할 수 있다.

부의금(조의금)은 상속재산이 아니다. 부의금을 낸 사람이 어느 상속인을 보고 낸 것인지에 따라 나누어 가지면 된다.

그 외의 부의금은 장례비용에 충당하고 남은 금액은 공동상속인들이 각자의 상속분에 따라 권리를 취득한다. 한정승인을 하거나 상속을 포기한 상속인도 부의금은 가질 수 있다.

3) 예금 등은 무조건 법정상속분대로 나눠야 하는가?

금융재산도 상속재산이다. 부동산 다음으로 비중이 높다. 보통 상속인 전원이 합의하여 함께 금융회사를 방문하여 인출하거나, 상속인 중 일부에게 위임하고 위임받은 사람이 각 금융회사를 방문하여 인출하여 나눈다.

다만, 소액 상속예금 지급특례에 따라 금융회사별로 일정금액 이하의 경우에는 상속인 중 일부의 청구에 의해서도 지급한다.

반면 청약예금이나 특정신탁상품 등 일부 상품은 반드시 상속인 전원이 동의(위임)해야 해지할 수 있다. 필수 요건이다. (대법원 2021다294674 판결)

그런데 일반적인 금융상품이면서 그 규모가 소액 상속예금 지급특례를 넘는 경우 문제가 된다. 금융회사는 상속인 전원이 동의해야 지급하고 있다.

그러나 상속인 중 일부가 연락이 안 되는 경우도 있고, 특별수익이 있다거나 기여분 주장으로 인해 예금인출에 대한 합의가 이루어지지 않는 경우도 있다. 그 경우 일부 상속인이 금융회사에 대해 자신의 법정상속분에 해당하는 만큼 지급해 달라고 요구하기도 한다.

대법원 판례는 "예금 등은 상속개시와 동시에 법정상속분에 따라 공동상속인들에게 분할되어 귀속되는 것이 원칙이므로 상속인의 상속지분별 청구가 가능하다. 다만, 특별수익이 존재하거나 기여분이 인정되는 등 특별한 사정이 있는 경우에는 법정상속분과 다르게 귀속시켜야 한다."라는 것이다.

애매하다. 법정상속분대로 지급해도 - 나중에 특별수익이나 기여분으로 인해 예금의 귀속자가 달라져도 - 책임이 없다는 말인지, 특별수익이나 기여분이 있는지 조사까지 해서 확인하고 지급하라는 말인지 명확하지 않다.

그래서 대부분 금융회사는 그 경우 변제공탁을 해버린다. 그러면 법원에서는 상속재산분할 심판 확정 결정문을 가지고 오라고 하는 경우가 많다.

실무적으로, ① 상속인 중 일부가 연락이 안 되거나 사이가 나빠 은행에 함께 가기는 어렵지만 법정상속분대로 나누기만 하면 문제가 없는 경우라면, 빨리 가정법원에 상속재산분할 심판을 청구하는 것이 유리하다.

일반인도 누구나 쉽게 할 수 있다. 법정상속분대로 분할해 달라는 심판은 단 한 번 출석으로 끝난다. 그리고 그 확정 결정문을 금융회사에 보여주면 바로 지급해 준다. 금융회사를 상대로 소송을 하는 것보다 훨씬 빨리 종결되고 가장 확실하다.

② 상속인 모두 연락은 되지만 특별수익 또는 기여분 주장으로 인해 합의에 이르지 못하는 경우, 금융재산에서 법정상속분보다 많이 받아야 하는 상속인도 가능한 빨리 상속재산분할 심판을 청구하는 것이 유리하다.

왜냐하면, 이미 특별수익을 많이 받은 상속인이 금융재산에서도 법정상속분을 받아 가면 공평을 해치게 된다. 그러므로 심판을 청구한 사실을 가능한 빨리 금융회사에 알려주고 지급정지를 요청한 다음, 심판이 확정되면 그 결정문으로 법정상속분보다 많은 금액을 지급받을 수 있다.

결론적으로, 어떤 이유에서든지 상속인 전원 동의 요건을 갖추지 못하여 예금 등을 인출하지 못하는 경우 가장 빠른 해결 방안은, 가능한 빨리 상속재산 분할 심판을 청구하여 그 확정 결정문을 금융회사에 제시하는 방법이다.

피상속인이 빌려준 대여금채권도 상속재산이다. 이는 원칙적으로 법정상속분에 따라 귀속되지만, 채무자 입장에서 채권자가 여러 명인 경우보다 한 사람으로 정리되는 것이 유리한 경우가 많아 대체로 특정 상속인에게 귀속시키고 있다.

4) 주식, 어음, 수표 등 유가증권도 상속되고 가상자산도 상속된다.

주식, 어음, 수표, 사채, 선하증권 등 유가증권도 상속재산이다. 실물이 있는 유가증권의 상속은 상속절차가 비교적 단순하다. 어음, 수표는 소지인이 배서하여 제시하면 되고, 주식은 명의변경절차를 거치면 된다.

유가증권은 실물 자체가 재산권을 증명하므로 안전하게 보관하는 것이 가장 중요하다. 분실했을 경우 제권판결절차를 통해 분실한 증권을 실효시키고 재산권을 회복해야 하므로 반드시 복사본을 만들어 둬야 한다.

특허권, 상표권, 저작권, 광업권, 어업권 등 무체재산권도 상속된다. 가상자산도 상속된다. 다만 유한회사, 합자회사 등의 경우에는 사원의 지위 또는 지분의 성질에 따라 상속되지 않는 것도 있다.

골프회원권과 헬스클럽 등 회원권도 양도가 금지되지 않는 한 상속된다. 다만, 여성전용시설 장기이용권을 남성 상속인이 상속할 수는 없지만 남성전용시설 장기이용권으로 전환하여 상속하거나 타인에게 양도할 수는 있다.

5) 임차권도 상속재산이다.

전세권을 포함한 임차권도 상속재산이다. 토지를 임차한 경우는 물론 사무실, 점포, 차량, 주택, 창고 등 임차 대상에 제한이 없다. 다만, 주거용건물의 경우에는 다음과 같은 특별규정이 있다.

임차인이 상속인 없이 사망한 경우, 그 주택에서 피상속인과 가정공동생활을 하던 사실상의 혼인관계에 있는 자가 임차인의 권리와 의무를 승계한다.

반면 임차인이 사망한 때에 상속인이 있으나 사망 당시 상속인이 그 주택에서 가정공동생활을 하고 있지 아니한 경우에는, 그 주택에서 피상속인과 가정공동생활을 하던 사실상의 혼인관계에 있는 자와 2촌 이내의 우선순위 친족이 공동으로 임차인의 권리와 의무를 승계한다.

이런 경우 임차권의 승계에는 주거권과 임대차보증금반환 청구권이 모두 포함된다. 그러나 그 계약서에 임차인 변경은 안 된다는 등의 특별약정이 없다면 유언으로 임차권을 사실혼 배우자 등에게 유증하는 것도 가능하다고 본다.

6) 유튜버, 블로그, 카페 등 디지털자산도 상속재산이다.

유튜버, 블로그, 카페 등 온라인상 디지털자산의 상속성에 대해 확립된 판례는 아직 없지만 해당 디지털정보가 저작권법 또는 콘텐츠산업진흥법에 따라 보호받을 수 있는 권리인 경우에는 당연히 상속된다.

온라인 마일리지, 사이버머니, 온라인 상품권, 게임 아이템 등 재산적 성격이 강한 권리도 상속된다고 본다.

7) 사망보험금 청구권은 상속재산이면서 한편 상속재산이 아니기도 하다.

피상속인이 자신의 사망을 보험사고로 한 보험계약을 체결하여 보험료를 납부하다가 사망하면 상속인 등(보험수익자)은 보험수익자의 지위에서 보험자에게 사망보험금 지급을 청구할 수 있다.

이 권리는 보험계약의 효력으로 당연히 생기는 것으로서 상속재산이 아니라 상속인의 고유재산이다. 상속재산으로 받는 게 아니라 자기 권리로서 받는다는 뜻이다. 생명보험에도 있고 상해보험에도 있다.

사망보험금 수익자를 법정상속인이라고 적었든, 상속인이라고 적었든, 상속인 중에서 특정인으로 적었든, 제3자로 적었든, 수익자를 아예 적지 않았든, 상법 제733조에 따라 승계수익자가 되었든 상관없다.

중요한 것은 보험료를 실제 피상속인의 자금으로 지출했다는 것을 전제한다는 점이다. 계약자(보험료 납부자)가 피상속인으로 되어 있어도 실제 피상속인이 보험료를 지출하지 않았다면 상속의 법리가 개입될 여지가 없다.

실제 자녀가 보험료를 납부하고 부모의 사망으로 지급되는 보험금은 애초부터 자녀의 재산이므로 상속과는 무관하다. 반면, 서류상 보험료 납부자가 자녀로 되어 있어도 실제 보험료 납부자가 피상속인이면 위의 법리가 적용된다.

또한 피상속인이 보험료의 일부를 부담했다면 그 비율에 해당하는 보험금에 대하여 위의 법리가 적용된다. 이 법리는 세법에도 동일하게 적용된다.

민법상, 사망보험금을 상속인 등의 고유재산으로 본다는 것은 대단히 중요하다. 상속재산이 아니므로 ⓐ 사망보험금을 수령해도 법정단순승인이 되지 않고 ⓑ 상속을 포기하거나 한정승인을 하는 경우에도 사망보험금을 받을 수 있으며

ⓒ 사망보험금 청구권에 대해 피상속인의 채권자는 강제집행을 할 수 없다. ⓓ 다만 상속인의 채권자는 보험금 청구권에 대해 강제집행을 할 수 있다.

대법원이 보험금 청구권을 상속인 등의 고유재산이라고 보는 데는, 피상속인이 사망보험금 수익자를 지정한 때 보험금 청구권을 상속인 등에게 증여한 것이라고 보는 것이다.

따라서 상속개시 전에 이미 상속인 등의 재산이 되어 있어 상속개시 당시에는 피상속인의 재산이 아니라는 뜻이다. 애초부터 상속인의 고유재산이라는 말은 결코 아니다.

이는 상속인 중 1인 또는 일부만 사망보험금 수익자로 지정된 경우 그 금액을 특별수익으로 보고 상속재산분할에 반영하는 한편 유류분산정 대상 재산에도 포함하는 여러 대법원 판례에서 확인되고 있다.

상속인 내부적으로 보면 사망보험금 청구권은 상속재산이다.

그리고 피상속인의 사망을 보험사고로 하는 보험계약인 이상 거액의 보험료를 일시납으로 납부했다든가 사망보험금이 일시납입한 보험료와 유사한 금액으로 산출되도록 설계되어 있더라도 상속인 등의 고유재산이다.

다만, 채권자로부터 사해행위 취소 소송을 당할 가능성은 있다.

그렇다고 꼼수를 부리는 것까지 봐주지는 않는다. 납세의무의 승계를 피하면서 재산을 상속받을 목적으로 계획적으로 보험계약을 체결하고 피상속인 사망 후 상속을 포기한 다음 사망보험금을 받은 때에는 피상속인이 납부할 국세 등의 납세의무를 사망보험금을 한도로 그 상속인에게 부담시킨다.

그리고 사망보험금이 민법상 보험수익자의 고유재산이라고 해도 피상속인이 납입한 보험료에 의해 받는 보험금에 상속세까지 면제하지는 않는다. 세법은 민법의 법리와 전혀 다르다. 보험금 규모에 따라 상속세가 부과될 수 있다.

8) 받으면 안 되는 보험금도 있다.

피상속인이 교통사고로 사망하고 상속채무가 훨씬 많다는 것을 알게 되었다. 그런데 상속을 포기하거나 한정승인을 하더라도 사망보험금은 받을 수 있다는 말을 듣고 상속포기(한정승인)의 신고를 한 다음 보험회사에 갔다.

이때 사망보험금뿐만 아니라 자기차량손해보험금이 함께 나올 수도 있는데 이는 상속재산이다. 그 보험금을 받으면 이는 상속채무가 상속재산보다 많다는 것을 알면서도 상속재산을 받은 것이 된다. 법정단순승인이 된다.

사망한 사람, 즉 피상속인이 가해자에 대해 가지는 위자료청구권, 그리고 일실수입에 대한 손해배상청구권도 상속재산이다. 상속인이 위 청구권을 행사하면 법정단순승인이 된다.

물론, 일실수입에 대한 보상금 등이 상속채무보다 많다면 법정단순승인이 되더라도 받아서 상속채무를 갚고 나머지를 사용하는 것이 당연히 유리하다.

교통사고 형사합의금도 그 내용에 따라 상속재산이 될 수도 있다. 따라서 이를 수령하면 법정단순승인이 될 수도 있으므로 주의해야 한다.

반면, 상속인들이 가해자에게 가지는 가족의 생명침해에 대한 위자료청구권은 상속인의 고유재산이다. 상속을 포기하거나 한정승인을 하더라도 그 청구권은 행사할 수 있다.

그리고 피상속인이 보험료를 지출한 계약을 해지하여 받는 해약환급금은 상속재산이다. 이를 수령하면 법정단순승인이 된다.

9) 공제상품도 상속재산이면서 상속재산이 아니기도 하다.

한국교직원공제회 퇴직생활급여 가입자가 사망하여 사전에 지정된 수급권자가 수령한 급여금은 수급권자의 고유재산이다. 상속재산이 아니다.

수급권자가 상속을 포기하거나 한정승인을 하는 경우에도 받을 수 있다. 바로 앞에 설명한 보험계약의 사망보험금 청구권과 유사한 구조를 가지고 있다.

이처럼 대법원이 보험계약에서의 사망보험금 청구권과 공제회 상품의 수급권에 대하여 동일한 법리로 수급권자(수익자)의 고유재산일 뿐 상속재산이 아니라고 일관되게 판단하고 있는 점은 시사하는 바가 매우 크다.

왜냐하면 위에서 설명한 상품들과 유사한 구조를 가진 상품들이 상당히 많기 때문이다. 예를 들면 신용협동기구 또는 우체국에서 취급하는 각종 보험상품, 공제상품 및 노란우산공제 등이 이에 해당한다.

이들 상품의 급여금 등에 대한 대법원의 확립된 판례는 아직 없지만 그간의 추이를 보면 한국교직원공제회 퇴직생활급여의 급여금과 마찬가지로 수급권자의 고유재산으로 볼 가능성이 아주 크다.

그러나 대외적으로는 수급권자의 고유재산으로 보더라도 상속인 내부적으로는 특별수익이다. 원래 피상속인의 재산이었기 때문이다.

따라서 수급권자가 받은 급여금은 상속분을 미리 받은 것으로 보아 상속재산분할에서 그만큼 차감되고 나아가 유류분산정 대상에 포함되어 유류분반환의 대상이 된다. 물론 경우에 따라서는 상속세 과세대상이 될 수도 있다.

10) 유언대용신탁도 상속재산이면서 상속재산이 아니기도 하다.

위탁자가 생전에 재산을 금융회사 등에게 신탁하고 위탁자가 사망하면 미리 지정한 수익자에게 약정된 내용에 따라 권리를 이전시키는 것을 유언대용신탁이라고 한다.

위탁자가 사망한 때 효력이 발생하는 점에서 유증 또는 사인증여와 유사하다. 제목부터가 유언대용신탁이다.

그러나 유언대용신탁에서 위탁자의 사망으로 수익자에게 귀속된 권리가 상속재산인지, 수익자의 고유재산인지 아직까지 확립된 판례는 없다.

그런데 앞에서 본 보험계약(공제 포함)과 유언대용신탁을 비교해 보면 법률에 근거한 상품이라는 점과 생전 계약에 따른 수익자로서의 권리를 취득한다는 공통점은 분명하다.

이런 점에서 유언대용신탁의 위탁자 사망에 따라 수익자가 취득하는 권리는 상속재산이 아니고 수익자의 고유재산이라고 봐도 될 것 같다.

일각에서 위 수익자가 취득한 권리는 특별수익이 아니라거나 유류분반환 대상이 아니라는 주장도 하는데, 하급심 판례는 당연히 특별수익이고 유류분반환 대상이라고 연속하여 판단하고 있다. 특별수익 편에서 다시 설명하겠다.

11) 유족급여는 마음 놓고 받아도 된다.

연금이나 급여를 받던 사람이 사망하면 여러 특별법에 따라 그의 유족들에게 유족급여 수급권이 생긴다. 국민연금을 포함한 공적연금은 물론 근로기준법과 신재보험법에도 있다.

이런 유족급여 수급권은 수급권자인 유족이 특별법이 정하는 바에 따라 직접 자기의 고유의 권리로서 수급권을 취득하는 것이지 상속재산이 아니다. 유족의 고유재산이다. 연금으로 받든 일시금으로 받든 상관이 없다.

따라서 유족급여를 받아도 법정단순승인이 되지 않으므로 상속포기 또는 한정승인을 할 수 있고 피상속인의 채권자로부터 강제집행을 당할 염려도 없으니 마음 놓고 받아도 된다.

12) 사망퇴직금을 수령할 때는 상속재산인지 아닌지 확인할 필요가 있다.

퇴직급여법이 정한 퇴직연금제도(DB형, DC형, IRP, 중소기업퇴직연금기금제도 포함)에 가입한 근로자가 재직 중 사망한 경우 유족에게 사망퇴직금을 청구할 권리가 생긴다.

퇴직연금제도의 급여를 받을 권리는 양도 또는 압류하거나 담보로 제공할 수 없다. 수급권 전액에 대해 압류가 금지된다. 이는 근로자 본인은 물론 가족의 안정적 생활을 보장하려는 사회적·정책적 고려에 따른 것으로 특별한 사정이 없는 한 상속재산에 속하지 않는다.

따라서 상속포기 또는 한정승인을 하더라도 사망퇴직연금을 받을 수 있다.

다만, 근로기준법상 근로자가 아닌 이사 등이 퇴직연금제도에 가입한 경우에는 퇴직급여법의 수급권보호 조항이 적용되지 않으므로 위 법리가 그대로 적용되기는 어려울 것으로 보인다.

퇴직급여법 대신 근로기준법이 적용되는 경우 단체협약에서 사망퇴직금을 근로기준법이 정한 유족보상의 범위와 순위에 따라 유족에게 지급하기로 정하였다면 수령권자인 유족은 위 규정에 따라 직접 사망퇴직금을 취득하는 것이므로 이러한 경우의 사망퇴직금은 상속재산이 아니라 유족의 고유재산이다.

그러나 근로기준법이 적용되는 사망퇴직금인데 그 수급자에 대해 단체협약 등에 별도로 규정되어 있지 않아 민법상 상속순위에 따라 수급권을 가지게 되는 경우 그 수급권은 상속재산으로 볼 여지가 있고 이를 수령하면 법정단순승인 사유가 될 수 있다.

또한 급여채권의 1/2에 대해 압류 등의 강제집행이 되어 있는 경우 압류의 효력이 유지되므로, 근로자는 가급적 퇴직연금제도에 가입하는 것이 유리하다.

나. 상속법에 숨겨진 빚테크를 찾아내자!

1) 금전채무 상속과 빚테크

돈으로 갚아야 하는 채무를 금전채무라고 한다. 당연히 상속된다. 그런데 금전채무가 공동상속되는 경우 상속개시와 동시에 당연히 법정상속분에 따라 공동상속인에게 분할되어 귀속된다.

이게 무슨 뜻일까? 예를 들면, 6천만 원의 빚이 상속되었는데 상속인으로 아들과 딸 각 한 명씩이 있으면 자동적으로 각자 3천만 원씩 분담하게 된다는 말이다.

아들이 5천만 원을 갚기로 하고 딸이 1천만 원을 갚기로 두 사람이 합의를 해도 채권자의 승낙이 없으면 효력이 없다.

왜 그럴까? 만약 상속인들끼리 갚을 금액을 마음대로 나누는 것을 허용하면 갚을 능력이 없는 상속인에게 빚을 몰아버리고 능력이 되는 상속인들은 빠져나갈 수 있기 때문에 법정상속분대로 귀속시키는 것이다.

참고할 사례가 있다. 장남이 사업을 하면서 부친의 명의를 빌려 3억 원을 대출받아 사용했는데 부친이 사망하였다.

이에 장남을 포함한 자녀 3명이, 그 대출은 장남이 책임지는 것으로 합의서를 작성하여 채권자에게 제출하였으나 채권자는 승낙하지 않고 '금전채무는 법정상속분에 따라 귀속된다'는 법리를 들며 대출과 아무 상관 없는 자녀 2명에게 각 1억 원의 반환을 청구하여 받아간 사례가 있다.

이런 경우 장남을 제외한 나머지 자녀들은 합의서를 작성할 것이 아니라 고려기간 내에 상속을 포기하거나 최소한 한정승인을 했어야 했다.

그런데 이 법리가 상속인 내부에 적용되면 숨겨진 상속법 빚테크가 나타난다. 예를 들어 보자.

피상속인에게 아들, 딸 각 한 명의 상속인이 있다. 피상속인이 1년 전에 아들에게 1억 원을 증여했는데 사망 당시 적극재산 2억 원과 금전채무 1억 5천만 원을 남겼다고 가정해 보자.

이 경우 상속법을 잘 모르는 사람은 적극재산 2억 원으로 빚 1억 5천만 원을 갚고 남은 5천만 원을 두 사람이 나누어 가진다고 한다.

그러나 이는 상속법과 거리가 먼 주장이다. 적극재산은 적극재산대로 특별수익을 고려해서 나누고 빚은 빚대로 따로 나눈다. 그게 상속법이다. 비교해서 설명한다.

가) 빚부터 갚고 나머지를 상속하는 경우

- 남은 상속재산: 5천만 원 (적극재산 2억 원 - 채무 1억 5천만 원)
- 분할대상 재산: 1억 5천만 원 (남은 재산 5천만 원 + 아들의 특별수익 1억 원)
- 법정상속분: 각 7천 5백만 원 (1억 5천만 원 ÷ 상속인 2명)
- 구체적 상속분
  아들: 0 (법정상속분 7천 5백만 원 - 특별수익 1억 원 =△ 2천5백만 원)
  ※ 아들은 이미 법정상속분보다 많이 받아 더 상속받지 못한다.

딸: 5천만 원 (남은 적극재산 전액을 딸이 상속)

- 최종상속이익

아들: 1억 원 (특별수익)

딸: 5천만 원 (남은 적극재산)

나) 상속법에 맞게 적극재산과 채무를 분리하여 상속하는 빚테크

ⓐ 적극재산 상속

- 분할대상 재산: 3억 원 (적극재산 2억 원 + 아들의 특별수익 1억 원)

- 법정상속분: 1억 5천만 원 (3억 원 ÷ 상속인 2명)

- 구체적 상속분

아들: 5천만 원 (법정상속분 1.5억 원 - 특별수익 1억 원)

딸: 1억 5천만 원 (법정상속분 1억 5천만 원 - 특별수익 0)

ⓑ 소극재산(채무) 상속

- 채무 법정상속: 각 7천 5백만 원 (채무 1억 5천만 원 ÷ 상속인 2명)

ⓒ 최종상속이익

아들: 7천 5백만 원 (적극재산 5천만 원 + 특별수익 1억 원 - 채무 7천 5백만 원)

딸: 7천 5백만 원 (적극재산 1억 5천만 원 - 채무 7천 5백만 원)

딸의 입장에서 비교해 보면 상속법대로 하는 것이 빚부터 갚고 나눈 결과보다 2천 5백만 원 더 이익이 된다. 이게 바로 숨겨진 상속 빚테크라는 말이다. 딸이 법을 알고 대응하는 빚테크가 이래서 중요하다.

2) 임대차보증금 반환채무의 상속

주택, 사무실, 점포 등 보증금을 받고 세를 주고 살다가 사망하는 사람이 아주 많다. 이때 임대물건도 상속되고 임차인에게 돌려줘야 할 보증금 반환채무도 상속된다.

여기서 문제가 되는 것은 보증금 반환채무의 법적 성질이다.

일반인의 상식으로는 해당 부동산을 상속받은 사람이 보증금 반환채무를 상속하고 다른 상속인은 당연히 상관이 없다고 생각한다.

각 임대차법에도 임대물건의 양수인이 임대인의 지위를 승계한다고 되어 있고, 현실에서도 해당 부동산을 상속받은 사람이 보증금 반환채무를 이행하고 있고 다른 사람이 책임지는 경우는 거의 없기 때문에 문제가 잘 드러나지 않는다.

문제는 보증금을 반환하지 못했을 때 생기는데 이에 대하여 대법원은 임대차보증금 반환채무는 불가분채무, 즉 연대채무와 비슷하므로 설사 특정상속인이 임대물건을 상속하게 되더라도 임대차보증금 반환채무는 공동상속인들 모두의 채무로 남는다고 하였다.

상속채무를 마음대로 나눌 수 있도록 허용하면 갚을 능력이 없는 상속인에게 채무를 몰아줄 수 있다는 점에서 대법원의 논리를 이해할 수는 있으나, 법원 내부에서도 찬반의견이 팽팽하고, 실제 여러 하급심 판결에서도 해당 부동산을 상속한 사람에게 보증금 반환채무를 귀속시키는 상속재산분할을 명하고 있다.

3) 상속세는 상속채무가 아니다.

상속이 개시된 때에 그 상속인은 피상속인에게 부과되거나 그 피상속인이 납부할 국세 등을 상속으로 받은 재산의 한도에서 (각자 상속받은 재산의 비율에 따라) 연대하여 납부할 의무를 진다.

그러나 흔히 듣는 상속세는 피상속인에게 부과된 세금이 아니고 상속인들에게 부과되는 세금이다. 피상속인이 남긴 빚이 아니다. 따라서 상속재산을 분할하거나 유류분을 산정할 때 채무로 반영되지 않는다. (대법원 2012다21720 판결)

4) 이행강제금, 벌금, 추징금의 상속 여부

이행강제금은 일신전속적인 것이어서 상속되지 않는다. 벌금, 추징금, 과태료 등의 납부의무자가 사망한 경우에는 그 사람의 상속재산이 있으면 그 재산에 대해 집행하고, 없으면 상속되지 않고 집행불능으로 종결한다.

5) 주택연금과 상속

가) 주택연금이란?

본질은 대출이다. 주택을 한국주택금융공사(HF)에 맡기고 매월 정해진 금액을 받다가 가입자가 사망하면 주택을 처분하여 그때까지 지급한 금액에 이자를 더한 연금대출 채권을 회수한다. 이때 연금대출을 갚고도 남는 금액이 있으면 상속인에게 귀속되는데, 만약 모자라더라도 상속인에게 청구하지는 않는다.

기본적인 구조가 이러하기 때문에 상속에 있어 주택연금은 대출을 갚고 남는 재산이 상속재산이 된다는 것 외 다른 문제는 없다. 채무로 보기도 어렵다.

그럼에도 문제가 되는 것이 있다. 바로 가입자와 함께 거주하던 배우자의 주택연금 승계에 관한 것이다.

나) 배우자의 주택연금 승계 방법 두 가지

(1) 저당권방식

주택에 근저당권을 설정하고 연금을 수령하던 가입자가 사망한 경우 배우자가 연금을 승계받기 위해서는 공동상속인 전원의 동의를 받아야 한다. 이는 상속재산분할협의로서 해당 주택을 배우자에게 귀속시켜야 한다는 말이다.

이 방식은 자녀 등 공동상속인 전원의 동의가 있으면 아무 문제가 없다. 그 후 남은 배우자도 사망하면 더 이상 연장되지 않고 주택을 처분하여 연금대출을 상환하고 남은 금액이 있으면 법정상속인에게 승계된다.

문제는 자녀 등의 동의를 받지 못하여 주택을 배우자 단독명의로 하지 못하는 경우에 생긴다. 주택연금이 승계되지 않는다. 주택이 경매에 넘겨질 수도 있다.

(2) 신탁방식

주택을 공사에 신탁(담보제공)하고 주택연금을 수령하는 방식이다. 소유권을 공사에 이전한다. 그렇지만 기본적으로 연금대출이라는 점에서는 저당권방식과 동일하다.

그러나 배우자의 연금승계는 완전히 다르다. 이 방식에서는 가입자가 사망한 경우 연금수령권이 당초 신탁계약에서 정한 배우자에게 자동적으로 승계된다.

유언대용신탁의 법리가 적용된다. 다른 공동상속인들의 동의가 없어도 된다. 유언이 없어도 된다. 점점 신탁방식의 주택연금을 선택하는 사람이 늘고 있다.

그러나 사후수익자를 배우자로 지정한 것은 상속재산을 배우자에게 준 것이고 이는 배우자의 특별수익이고 유류분반환의 대상이 된다.

이런 경우 통상적으로 해당 주택을 배우자가 단독으로 소유하는 것으로 하고 다른 공동상속인의 유류분 부족액을 가액으로 반환하도록 명하는 경우가 많다.

여기서 상속법을 공부한 피상속인의 조치가 빛을 발한다. 유언으로 "주택연금 대상 주택은 평생 재산형성에 기여한 대가와 보상으로 배우자에게 유증한다."라는 내용을 남겨 놓으면 좋다.

그러면 그 주택은 기여에 대한 대가 내지 보상이므로 배우자의 특별수익에서 제외될 가능성이 높고 그로써 자동적으로 유류분반환 대상에서도 제외되므로 배우자를 안전하게 보호할 수 있다. 유언은 돈 안 드는 보험이다.

그리고 신탁방식의 또 다른 기능으로 귀속권리자를 지정할 수 있다는 점이다. 다시 말하면 배우자도 사망하는 경우 연금대출을 상환하고 남는 금액을 받을 사람, 즉 최종 귀속권리자까지 특정인으로 지정할 수 있다. 지정하지 않으면 상속으로 처리된다.

4장

상속분

4장 ⚖️ 상속분

가. 법정상속분

상속분은 여러 사람이 함께 상속하는 경우 각 상속인이 차지할 몫을 말한다. 즉, 각 상속인이 상속재산의 총액에서 취득하게 될 비율이다.

법정상속분이란 법원에서 각 상속인의 상속분을 정하거나 유류분 등을 산정할 때 기준이 되는 가장 중요한 규정이다. 따라서 이 책에서도 법정상속분을 기준으로 설명하였다.

현행(1990.01.03. 이후) 규정상 상속순위에 드는 상속인의 법정상속분은 모두 1이다. 균분상속이라고 한다. 어떤 차별도, 어떤 구분도 없다.

다만 배우자는 여기에 50%를 가산한다. 1.5가 된다는 말이다. 이 부분을 오해하여 배우자의 법정상속분이 50%라고 잘못 알고 있는 사람도 상당히 많다. 오해하지 말기 바란다.

혼인기간이 길다고 해서 상속분이 많은 것도 아니고 혼인기간이 짧다고 해서 적은 것도 아니다. 상속재산 형성에 기여한 바가 전혀 없어도 상관 없다.

구체적으로, 배우자와 자녀 1명이 있는 경우 배우자가 1.5, 자녀가 1이므로 총상속분은 2.5가 된다. 따라서 배우자의 상속분 비율은 2.5분의 1.5, 즉 분수로 표현하면 $\frac{1.5}{2.5}$이고 자녀는 2.5분의 1, 즉 분수로 표현하면 $\frac{1}{2.5}$이다.

그러나 법원 판결을 비롯한 대부분의 경우 계산의 편의를 위해 분자와 분모에 각 2를 곱하여 정수로 변환한 다음 배우자 상속분 비율은 5분의 3으로($\frac{3}{5}$), 자녀는 5분의 2로($\frac{2}{5}$) 하여 계산하고 있다.

산식으로 풀어 설명하면, 총상속재산이 100인 경우 배우자는 $100 \times \frac{3}{5} = 60$ 이 되고, 자녀는 $100 \times \frac{2}{5} = 40$이 된다.

1) 천기누설 - 이혼테크!

가) 전략적 이혼테크 사례

자녀 6명을 낳고 살던 김복자씨는 60대에 남편과 사별하고 A씨와 재혼하였다. 그로부터 10여 년 후 김복자씨가 병에 걸려 투병생활을 하는데 자녀들은 명절에만 어머니를 찾는 반면 새남편은 정성을 다해 간병하였다.

어느 날 서울에 다녀 온 새남편이 "당신이 사망하면 내 상속분이 20%라네"라고 하자 김복자씨가 "그럼 이혼하고 재산분할로 50%를 당신에게 주면 되지 않을까?"라고 하여 합의이혼하고 새남편이 재산분할로 10억 원을 받았다. 이혼 후에도 두 사람은 이혼한 듯, 이혼하지 않은 듯 간병도 하면서 생활하였다.

그 후 김복자씨가 사망했다. 자녀들은 남은 재산 10억 원을 나눠 가졌다. 원래 4억 원밖에 받을 수 없었던 A씨가 10억 원을 받았다.

나) 전략적 사실혼 해소 사례

사실혼 배우자는 상속받을 수 없다. 그러나 상대방이 생존한 상태에서 사실혼 해소를 이유로 한 재산분할청구는 가능하다.

이런 내용을 아는 사람이 상대방 배우자가 암으로 시한부 선고를 받자, 상대방이 생존한 상태에서 사실혼 해소를 선언하고 재산분할을 청구하였다.

그 후 상대방이 사망하여 자녀들이 상속받았으나 이미 제기해 놓은 재산분할청구권이 인정되어 자녀들이 받은 재산에서 50%를 사실혼 배우자에게 반환한 사례도 있다.

2) 배우자의 상속분 늘려야 할까?

배우자의 법정상속분이 적다고 말하는 사람들이 있다. 이혼할 때는 재산분할로 50%를 받는데 공동상속할 때는 왜 1.5밖에 안 되나? 대체로 이런 불만이다.

과연 그럴까? 현행 규정과 자녀 수에 따른 배우자의 법정상속분을 보자.

	자녀 1명	자녀 2명	자녀 3명	자녀 4명	자녀 5명	자녀 6명
법정상속분(1)	1.5/2.5	1.5/3.5	1.5/4.5	1.5/5.5	1.5/6.5	1.5/7.5
법정상속분(2)	3/5	3/7	3/9	3/11	3/13	3/15
비율로 환산	60%	43%	33%	27%	23%	20%

배우자의 몫이 자녀가 1명인 경우 60%이고 자녀가 2명인 경우에는 43%이다.

ⓐ 배우자의 상속분을 50%로 정하면 자녀가 1명인 경우에는 60%에서 50%로 오히려 10% 줄어든다. 개악이 된다는 뜻이다.

ⓑ 다가올 미래에 피상속인이 될 베이비붐 세대와 그 이후 세대는 자녀 수가 평균 2명이다. 현행 규정을 그대로 두어도 43%~60%, 즉 대체로 51%에 근접하는 상속분을 받게 되어 있다.

법을 개정하는 것은 과거의 문제를 해결하기 위한 것이 아니고 미래의 문제에 대비하기 위한 것이다. 개정의 필요성이 낮다.

ⓒ 베이비붐 세대는 맞벌이도 많고 재산을 부부가 공평하게 나누어 둔 경우도 많다. 여기에 더하여 배우자의 상속분까지 꼭 50%로 늘려야 하는지 의문이다.

ⓓ 황혼에 재혼하여 짧은 기간 부부생활을 한 경우에도 50%를 적용하게 되어 오히려 공평의 이념에 반하게 된다.

이에 대해 20년 이상 부부였던 경우에만 50%를 적용하자는 주장도 있는데, 그렇게 되면 재산의 대부분을 40대에 모으고 50대에 사망한 경우 혼인기간이 20년에 미달한다는 이유로 50% 규정을 적용받지 못하므로 납득하기 어렵다.

ⓔ 이에 저자는 공동상속하는 경우 배우자의 법정상속분을 현행 1.5에서 2로 개정할 것을 제안한다. 그리되면 자녀가 1명인 경우 배우자의 상속분 비율이 67%에 이르고 자녀가 2명인 경우가 대부분인 베이비붐 세대의 경우 배우자의 상속분 비율이 50%가 되고, 자녀가 3명인 경우에도 40%에 이르므로 상속분 비율에 대한 불만은 자연스럽게 해소될 것으로 본다.

나. 대습상속분

법률용어로 설명하면 참 어렵다. 그래서 예를 들어 설명한다.

A씨의 배우자는 예전에 사망했고 아들과 딸이 각 한 명씩 있었다. 아들은 결혼하여 며느리와 손자가 1명 있는데 아들이 A씨보다 먼저 사망하였다. 그 후 A씨가 사망했는데 남긴 재산이 1억 원이었고 딸은 미혼이다.

이 경우 A씨를 피상속인이라 하고 A씨보다 먼저 사망한 아들을 피대습인이라 하며 며느리와 손자는 아들을 대신하여 A씨의 재산을 상속하므로 대습상속인이라고 한다. 딸은 그냥 상속인이다.

여기서 우선 A씨의 재산 1억 원을 아들과 딸의 몫으로 각 5천만 원씩 배분한다.

그리고 아들의 몫 5천만 원은 다시 법정상속분에 따라 며느리가 5천만 원 × $\frac{3}{5}$ = 3천만 원을, 손자가 5천만 원 × $\frac{2}{5}$ = 2천만 원을 상속한다. 이를 대습상속분이라고 한다.

5장

특별수익

5장 ⚖️ 특별수익

가. 이미 많이 받은 상속인은 더 받지 못한다.

장남은 "남은 재산 N분의 1로 나눠"라고 한다. 여동생이 "오빠는 많이 받았잖아?"하고 싸운다. 공평하지 않다는 것이다. 오빠가 미리 받은 것이 특별수익이다.

민법 제1008조는, 공동상속인 중에 피상속인으로부터 재산의 증여 또는 유증을 받은 자가 있는 경우에 그 수증재산이 자기의 상속분에 달하지 못한 때에는 그 부족한 부분의 한도에서 상속분이 있다고 규정하고 있다.

조문이 한 문장으로 되어 있다. 그러나 이 조항이 상속에 미치는 영향은 다른 조항 여러 개를 합친 것보다 더 크다. 특별수익 때문에 상속재산분할에 다툼이 생기고 유류분소송이라는 분쟁이 생긴다. 상속법에서 핵심이라고 할 수 있다.

이미 받은 게 많으면 더 받을 수 없다는 단순하면서도 명쾌한 법리다. 이는 공동상속인들 사이의 형평을 기하기 위하여 그 수증재산을 상속분의 선급으로 다루어 구체적인 상속분을 산정하는 데 참작하도록 하기 위한 것이다.

나. 특별수익은 내가 주장하는 것이 아니다.

1) 증명책임은 상대방에게 있다.

특별수익은 스스로 주장하는 게 아니다. 다른 상속인에게 특별수익이 있으니 그의 몫을 줄여야 한다고 상대방이 주장하는 것이다.

그래서 증명책임도 상대방에게 있다. "오빠는 많이 받았잖아?"라고 주장하는 여동생이 오빠가 많이 받았다는 것을 증명해야 한다. 그게 쉽지는 않다.

그리고 특별수익은 청구할 수 있는 권리가 아니다. 청구절차도 없다. 상속재산분할심판을 청구하고 그 심판 과정에서 주장하면 된다. 반면 기여분은 법원이 지정하는 기간 내에 청구해야 하는 절차규정이 있다.

2) 남은 재산이 없으면 특별수익도 없다.

특별수익이란 '남은 상속재산을 나눌 때' 이미 받은 재산을 감안하여 공평하게 나누라는 것이다. 상속인들이 나눌 재산이 남아 있어야 한다.

그런데 피상속인이 전재산을 이미 나눠 줬다면 상속인들이 나눌 재산이 없다. 나눌 상속재산이 없으면 특별수익도 없다. 상속재산분할이 적용될 여지도 없고 기여분을 청구할 기회도 없다. 단 한 가지 유류분 부족 여부만 남는다.

그러니까 나중에 상속인들 사이에 다툼이 예상되면(유류분 분쟁이 생기지 않는 범위 내에서) 모든 재산을 상속인별로 몫을 정해 유증해 버리고 상속개시 당시에는 몫을 정하지 않은 재산이 없게 해 버리면 상속인들 사이에 다툼이 생길 여지가 없다. 유언은 다툼을 예방하는 보험료 없는 보험이다.

3) 상속인이 아닌 제3자가 받은 재산은 특별수익이 될 수 없다.

특별수익을 고려한다는 뜻은 상속재산을 공평하게 나눈다는 것을 전제로 한다. 그런데 상속인이 아닌 자는 아예 상속재산분할에 관여할 자격이 없다. 그러니까 형평성을 따질 대상이 아니다. 따라서 그 사람이 피상속인으로부터 재산을 받았더라도 특별수익이 될 이유가 없다.

다. 어떤 것이 특별수익인가? – 받은 기억이 가물가물해도 특별수익이다.

1) 상속재산을 미리 받은 것이면 특별수익이다.

가) 증여받은 재산

공동상속인 중에 피상속인의 생전에 그로부터 증여받은 재산이 있으면 이는 모두 원칙적으로 특별수익에 해당한다.

다만 대법원은 "어떠한 생전 증여가 특별수익에 해당하는지는 피상속인의 생전의 자산, 수입, 생활수준, 가정상황 등을 참작하고 공동상속인들 사이의 형평을 고려하여 당해 증여가 장차 상속인으로 될 자에게 돌아갈 상속재산 중 '그의 몫의 일부를 미리 주는 것이라고 볼 수 있는지' 여부에 의하여 결정하여야 한다."라고 판시하고 있다.

그런데 피상속인으로부터 생전 증여를 받은 상속인이 피상속인을 특별히 부양하였거나 피상속인의 재산의 유지 또는 증가에 특별히 기여하였고, 생전 증여에 그에 대한 대가의 의미가 포함되어 있는 경우가 있다.

그런 경우에도 증여받은 재산을 상속분의 선급으로 취급한다면 오히려 공동상속인들 사이의 실질적인 형평을 해치는 결과가 초래될 수 있으므로 그런 경우 기여의 대가에 해당하는 한도 내에서 생전 증여를 특별수익에서 제외할 수 있다.

나) 유증받은 재산

공동상속인 중에 피상속인으로부터 유언 또는 사인증여 등에 의해 재산을 받은 것은 - 그것이 기여에 대한 대가 또는 보상이 아니라면 - 당연히 특별수익이다. 상속재산 중에서 지정해서 받는 것이므로 상속분을 미리 준 것과 같기 때문이다.

다) 상속을 포기한 자가 받은 것은 특별수익이 아니다.

원래 공동상속인이었던 사람이 상속을 포기한 경우 그 사람이 피상속인으로부터 증여나 유증을 받은 것은 특별수익이 아니라는 것이다. 그 사람은 상속인에 포함되지 않고 따라서 그 사람이 받은 증여나 유증도 특별수익으로 고려되지 않는다.

다만, 유류분반환의 대상이 될 수는 있다. 이 부분은 뒤에 전략적 상속포기 부분에서 다시 상세하게 설명한다.

라) 특별수익의 가액 평가 기준

① 특별수익의 가액 평가 기준 시점은 상속개시 시점이다. 증여 당시의 가액 등을 그대로 사용하지 않고 상속개시 당시로 환산하거나 증여한 물건의 상속개시 당시 감정평가액 등을 구하여 그 가액을 분할대상재산에 가산한다.

다만, 심판하는 데 시간이 오래 걸리고 실제 분할시점에는 재산의 가치변동이 심한 경우에는 재산의 가치를 재평가할 수도 있다.

② 증여받은 부동산을 상속이 개시되기 전에 매도하거나 수용보상금을 수령한 경우에는 그 양도가액 또는 수용보상금을 현금으로 보고 그때부터 상속개시 당시까지 물가상승률에 따라 환산한 가액으로 평가하는 경우가 많다.

③ 증여받은 부동산 등이 불가항력으로 소실되거나 증여받은 주식, ELS, 펀드 등의 가치가 폭락한 경우 소실되거나 줄어든 만큼 특별수익도 감소한다.

④ 증여받은 물건을 리모델링, 증축 등으로 가치를 상승시킨 경우에는 상승된 가치를 제외하고 증여받은 상태 그대로 현존하는 것으로 보고 상속개시 당시 가치로 평가한 가액을 특별수익으로 본다.

2) 사랑은 눈물의 씨앗이고 오해는 다툼의 씨앗이다.

가) 남은 재산만 N분의 1로 나누면 안 된다.

남은 재산만 N분의 1로 나누면 된다고 말하는 사람이 의외로 많다. 모르거나, 오해하였거나, 이미 많이 받은 사람이다. 그러면서 오히려 더 큰소리를 친다.

그러나 특별수익을 배제해 버리면 상속의 기본이념인 공평성이 무너진다. 특별수익제도와 기여분제도는 형평을 조절하여 공평의 이념을 달성하는 제도이다.

그런데 최근 법원의 결정을 보면, 피상속인이 배우자에게 증여하거나 유증한 재산에 대해서는 특별수익으로 인정하지 않고, 배우자에게 유리하게 판단하는 결정이 조금씩 늘어나고 있다.

나) 받은 기억이 가물가물해도 특별수익이다.

특별수익에 대한 이야기를 하면 많은 사람이 상속개시 전 10년 이내 증여한 재산만 대상이라고 말한다. 이는 세법상 상속재산에 가산하는 사전증여재산의 합산기간 10년이 특별수익에 그대로 적용되는 것으로 오해한 때문일 것이다. 그래서 10년 이전에 받은 것은 특별수익이 아니라고 하면서 자꾸 다툰다.

그러나 특별수익은 기간의 제한이 없다. 30년, 40년 전의 증여도 특별수익이 될 수 있다. 55세에 증여하고 95세에 사망한 경우 40년 전에 증여받은 것도 당연히 특별수익이 된다. 받은 기억이 가물가물해도 특별수익이다.

일부에서, 특별수익의 대상이 되는 증여시기를 상속개시 전 10년 이내로 제한하자고 한다. 그러나 50대 중반에 은퇴하여 10년 단위로 특정한 상속인에게 집중적으로 증여하는 것을 직접 본 저자의 경험상, 대상기간을 10년으로 제한하면 대부분 그 이전에 증여할 것이고 결과적으로 상속에 있어 공평의 이념은 무너질 것이고 편법이 난무하게 될 것으로 본다.

더구나 금전증여의 경우 은행거래기록 등이 대부분 10년 이내 것만 보존되고 전표는 5년간만 보존되어 증여의 근거를 찾기도 쉽지 않다. 상황이 이런데도 10년 이전 것은 제외한다고 하면 특별수익자에게는 과도한 이중혜택이 되고 상속에 있어 공평의 원칙에 반할 수 있다고 본다. 저자는 반대의견이다.

대법원이 설시한 기준, 즉 당해 증여가 장차 상속인으로 될 자에게 돌아갈 상속재산 중 '그의 몫의 일부를 미리 주는 것이라고 볼 수 있는지(또는 기여에 대한 보상인지)' 여부에 의하여 판단한다면 기간은 큰 문제가 되지 않는다고 생각한다.

다) 받은 재산 1천만 원이 1억 원으로 평가될 수도 있다.

오해가 많은 부분이다. '증여일 현재 평가액'으로 상속재산에 가산된다고 주장한다. 이것도 세법규정이 특별수익에 그대로 적용되는 것으로 오해한 것으로 보인다. 그러나 특별수익은 상속개시 당시 평가액을 적용한다.

예를 들어, 토지를 증여받을 당시 시세가 1천만 원이었는데 상속개시 당시 해당 토지의 시세가 1억 원이면 자신의 상속분에서 1억 원을 미리 받은 것이 된다.

이 부분에 대해서도 증여 당시의 가액으로 하자는 의견이 있으나, 다른 재산의 가치가 상속개시 당시 가치라는 점에서 가치 변동분을 배제해 버리면 공평을 달성하기 어렵다. 이어지는 특별수익의 종류별 평가기준을 참고하기 바란다.

라) 아버지가 준 재산과 어머니가 준 재산은 다르다.

저자가 30년 넘는 은행원 생활 중 가장 많이 들은 말이 "오빠는 아버지한테서 그렇게 많이 받았는데 어머니 재산을 또 받는 게 말이 되느냐?"라는 말이다.

부모님을 한 사람으로 인식하고 있다. 아버지가 준 거나 어머니가 준 거나 한 사람이 준 것으로 인식하는 것이다. 그래서 또 다툰다.

그러나 아버지의 사망으로 상속받을 때 이미 법정상속분을 초과하는 재산을 받았던 자녀도, 어머니로부터 재산을 증여받거나 유증받은 것이 없으면 어머니 사망으로 상속받을 때 법정상속분을 그대로 받을 수 있다.

아버지와 어머니는 한 사람이 아니다.

사례

P씨가 모든 재산을 아들에게 유증하였다. 아내와 딸은 억울했지만 참았다. 아버지의 재산은 전부 아들이 상속받았다. 그래서 아내는 모든 재산을 딸에게 준다고 유언하였다. 그리고 15년 후 아내가 사망하였다.

그런데 갑자기 아들이 여동생(딸)에게 유류분을 달라고 재판을 걸었다. 딸은 받은 재산의 4분의 1을 빼앗겼다.

이전에 아버지(P씨) 사망 당시 유류분반환을 청구하지 않은 딸은 억울하지만 그게 법이다.

마) 손자녀에게 준 것은 자녀의 특별수익이 아니다.

이 부분도 오해하고 있는 사람들이 아주 많다. "아버지가 너한테만 줬나? 네 아들한테도 줬지 않나? 너의 특별수익은 네가 받은 것과 네 아들이 받은 것을 모두 합해야 하지 않나?"라고 말한다. 형평성에 맞지 않는다고 또 다툰다.

그러나 특별수익은 가구별로 합산하지 않는다. 개인별로 각각 따로 판단한다. 따라서 가족들이 피상속인으로부터 받은 것은 그 상속인의 특별수익이 아니다.

다만 증여(유증)의 경위, 증여나 유증된 물건의 가치, 성질, 수증자와 관계된 상속인이 실제 받은 이익 등을 고려하여 실질적으로 피상속인으로부터 상속인에게 직접 증여된 것과 다르지 않다고 인정되는 경우에는 상속인의 직계비속, 배우자 등에게 이루어진 증여나 유증도 특별수익으로서 이를 고려할 수 있다.

바) 상속재산분할협의를 한 것도 특별수익이 될 수 있다.

아버지의 상속재산에 대한 분할협의를 하면서 유일한 아파트를 장남이 가지는 것으로 협의서를 작성하였다. 말하자면 어머니의 법정상속분과 다른 자녀들의 법정상속분을 모두 장남에게 무상으로 양도한 것이다.

그렇지만 증여세도 없고 어떻게 분할하든 자유이기 때문에 그 당시에는 전혀 문제가 없었다.

그런데 그 후 어머니가 사망하여 상속재산을 분할할 때, 이전에 장남이 어머니로부터 양도받았던 상속분이 특별수익이 된다.

어머니의 재산을 미리 받았다는 것이다. 그런데도 특별수익이 없다고 강변하여 다툼이 생긴다.

3) 특별수익은 어떻게 평가하는가?

가) 부동산 증여

피상속인이 보유하던 부동산을 생전에 특정상속인에게 증여한 것은 수증자의 특별수익이다. 토지, 주택, 공장, 사무실 등 종류를 가리지 않는다.

여기서 중요한 것은 증여 당시의 시세를 특별수익으로 보는 것이 아니라 해당 부동산의 상속개시 당시 시세를 그대로 수증자의 특별수익으로 본다는 점이다. 그래서 남은 상속재산에서 더 이상 받지 못하는 상속인이 예상보다 많다.

주택구입자금을 증여해 준 것도 특별수익이다. 그런데 해당 부동산 구입자금의 대부분을 증여해 준 경우에는 부동산을 증여한 경우와 동일하게 그 부동산의 상속개시 당시 시세를 특별수익으로 보는 견해가 우세하다.

반면 주택구입자금의 일부를 증여한 경우에는 금전의 증여와 동일하게 보고 증여한 금전을 물가상승률에 따라 상속개시 당시로 환가한 가액으로 한다.

증여한 금전 × 상속개시 당시 GDP 디플레이터 ÷ 증여 당시 GDP 디플레이터

다만, 수증자와 무관한 근저당권이 설정되어 있는 경우 그 피담보채무액 또는 임대차보증금 반환채무액이 있으면 특별수익에서 그만큼 차감하고 반영한다.

나) 금전 증여

증여의 이유가 있든 없든 피상속인이 상속인에게 증여한 금전은 특별수익이다. 금전을 증여했다는 점은 이를 주장하는 상대방에게 입증책임이 있다.

그런데 금전증여이 경우 계좌이체를 하지 않은 이상 이를 입증하는 것은 쉬운 일이 아니다. 돈에는 꼬리표가 없다. 피상속인의 계좌거래 내역과 상속인들의 계좌거래 내역을 금융거래정보 제출명령을 통해 확보하려 해도 거래자료 보

존기관 경과 또는 전표 보존기간 경과를 이유로 회신하지 않는 경우가 허다하다.

그래도 자료가 확보되면 특별수익으로 인정되는데 금전증여의 경우 한국은행 발표 GDP 디플레이터를 이용하여 상속개시 당시로 환산하여 반영한다.

증여금액 × 상속개시 당시 GDP 디플레이터 ÷ 증여 당시 GDP 디플레이터

참고로, 세법상 '추정상속재산'이라는 게 있다. 상속개시일 전 1년(2년) 이내에 재산종류별로 합산하여 피상속인이 재산을 처분하여 받거나 피상속인의 재산에서 인출한 금액이 2억 원(5억 원) 이상이고 그 사용처가 불분명한 경우 이를 상속인이 받은 것으로 추정하여 과세대상 상속재산에 가산하는 것을 말한다.

이는 민법상 특별수익이 아니다. 특정상속인이 받은 것이 아니기 때문이다.

다) 상장 주식을 증여받은 사람은 주가가 내리면 유리하다.

특정상속인이 피상속인으로부터 상장법인 등의 주식을 증여받는 경우가 있다. 당연히 특별수익이다. 이 경우 그 주식의 상속개시 당시 거래시가를 특별수익으로 한다.

상속재산분할에서 유불리만 따진다면 상장주식의 경우 주가가 내리면 오히려 유리하다. 단, 회복하지 못하면 손해다. 주식이 휴지 조각이 되면 특별수익도 없어진다.

비상장법인의 주식을 증여받은 것도 특별수익이다. 다만 비상장법인의 주식은 평가하는 방법에 따라 편차가 크게 나는 경향이 있으므로 가능한 모든 방법을 사용하여 감정평가하여 그 평균치를 사용하는 것이 합리적일 것으로 본다.

라) 사망보험금청구권

사망보험금이 지급되는 보험계약의 운용구조를 보면 ① 피상속인(=계약자)이 자신의 재산을 ② 생전에 ③ 계약을 통해 ④ 금융회사 등(=보험사)에 맡기고 ⑤ 사망할 때까지 수익자 지정·변경권을 행사하다가 ⑥ 피상속인이 사망하면 ⑦ 맡긴 재산에 따른 보험금을 ⑧ 무상으로 ⑨ 피상속인이 지정한 수익자에게 ⑩ 지급한다.

피상속인의 재산이 어떤 상품을 거쳐 수익자에게 무상으로 이전되는 것이다.

이를 대법원은 증여로 판단하고 있다. 증여자는 재산을 출연한 피상속인으로, 수증자는 사망보험금을 받는 수익자로, 증여한 시기는 수익자 지정·변경권을 마지막으로 행사한 시점으로, 증여가액은 총사망보험금 × 피상속인이 납입한 보험료 ÷ 총납입보험료의 산식으로 구한다.

보험금수익자가 상속인인 경우 대외적으로는 상속인의 고유재산이지만 상속인 내부로 오면 증여받은 재산이므로 특별수익이고 유류분반환의 대상이 된다.

사망보험금수익자가 특정(일부)상속인으로 되어 있으면 반드시 특별수익으로 고려해야 하지만 수익자가 (법정)상속인으로만 되어 있으면 법정상속분에 따라 나눠 가지므로 특별수익으로 고려하지 않아도 되고 고려해도 무방하다.

또한 상속인이 아닌 제3자가 수익자로 지정되어 있는 것은 특별수익이 아니다. 예를 들어, 신혼여행 중에 남편이 사망하였는데 아직 혼인신고를 하지 못했다.

만약 남편이 가입한 사망보험의 수익자가 법정상속인으로 되어 있으면 아내는 사망보험금 청구권이 없다. 아직 혼인신고를 하지 않았기 때문이다.

그러나 신혼여행 출발 전에 보험금 수익자를 아내로 변경했으면 사망보험금을 수령할 수 있다. 그렇지만 이는 특별수익은 아니다. 상속인의 자격으로 받는 것이 아니기 때문이다. 다만, 유류분반환의 대상이 될 여지는 있다.

마) 공제상품의 급여금 등

신용협동기구의 공제상품 또는 우체국보험 및 공제상품, 한국교직원공제회의 퇴직생활급여 상품, 노란우산공제 등은 앞에서 본 보험계약에 따른 사망보험금 청구권과 거의 유사하다.

따라서 피상속인이 가입한 해당 상품의 급여금 등을 특정(일부)상속인이 수령하는 경우 이는 특별수익에 해당하고 유류분반환의 대상이 될 수 있다.

또한 대외적으로는 수령인(=상속인)의 고유재산으로 볼 여지가 크다. 따라서 상속을 포기하거나 한정승인하는 경우에도 받을 수 있을 것이다.

바) 유언대용신탁

말 그대로 유언을 대신하는 제도이다. 취지는 유증 및 사인증여와 동일하다.

그런데 운용구조를 보면 ① 피상속인(=위탁자)이 자신의 재산을 ② 생전에 ③ 계약을 통해 ④ 금융회사 등(=수탁자)에 맡기고 ⑤ 사망할 때까지 수익자 지정·변경권을 행사하다가 ⑥ 피상속인이 사망하면 ⑦ 맡긴 재산의 평가액 등을 ⑧ 무상으로 ⑨ 피상속인이 지정한 수익자에게 ⑩ 이전한다.

앞서 본 사망보험계약이나 공제상품의 운용구조와 다른 점을 찾기 어렵다.

따라서 피상속인이 출연한 재산에 기초한 유언대용신탁으로부터 수익자로서 특정(일부)상속인이 받는 재산권은 그의 특별수익이고 유류분반환의 대상이다. (서울중앙지법 2022가합522692 판결 및 2021가합547069 판결, 창원지방법원 마산지원 2020가합100994 판결 등)

또한, 보험계약에서의 사망보험금 또는 공제상품에 대한 대법원의 법리(대법원

2019다300934 판결)에 따르면 대외적으로는 수익자의 고유재산이라고 본다.

사) 사망퇴직금

사망퇴직금 등을 특정(일부)상속인이 받으면 이론적으로는 특별수익에 해당할 가능성이 높다고 생각한다.

왜냐하면, 피상속인의 사망을 원인으로 하여 특정(일부)상속인이 재산상 이득을 취하는 것은 사망보험금 청구권 또는 유증과 다르지 않고, 총수령금액이 이미 정해져 있으므로 상속개시 당시의 일시금으로 계산할 수 있기 때문이다.

아) 공적연금의 유족연금은 특별수익으로 보기 어렵다.

공무원연금, 사학연금, 국민연금 등 공적연금의 유족연금도 특별수익으로 보는 견해가 있다. 그러나 저자 생각으로는 특별수익으로 보기 어렵다고 생각한다.

공적연금의 유족연금은 종신형이다. 수령기간의 제한이 없다. 반면 유족연금을 받던 배우자가 사망하면 수급권이 바로 소멸해 버린다. 3년만 받고 사망해도 마찬가지다.

수령액도 매년 물가상승률에 따라 바뀐다. 일시금으로 환산하는 것이 사실상 불가능하다. 사망퇴직연금과 전혀 다르다.

그러므로 특별수익으로 인정한다 하더라도 그 가액을 산정할 수 없기 때문에 특별수익에서 제외할 수밖에 없다는 생각이다. 다만, 일시금으로 받는 급여는 특별수익으로 볼 여지는 있다.

자) 유증과 사인증여

유증과 사인증여에 의해 공동상속인이 받은 재산은 원칙적으로 특별수익이다. 다만 거기에 보상의 의미 또는 기여에 대한 대가가 포함되어 있다면 그러한 한도 내에서 특별수익에서 제외될 수는 있을 것이다.

　법인이나 재단에 대한 유증, 제3자에 대한 유증, 후순위 상속인에 대한 유증은 특별수익이 아니다. 그러나 유류분반환의 대상이 될 수는 있다.

4) 특별수익을 고려한 상속재산분할 예시

ⓐ M씨의 상속인으로 배우자와 장녀, 차녀, 막내딸, 외동아들이 있다. M씨는 상속재산으로 5,200원을 남겼다.

그리고 30년 전에 외동아들에게 시가 600원 하는 농지를 증여했는데 상속개시 당시의 시세는 1,200원이다.

20년 전에는 막내딸에게 금전으로 100원을 증여하였는데 상속개시 당시 가치는 200원이다.

　간주상속재산 = 6,600원

　　상속재산 5,200 + 아들의 특별수익 1,200 + 막내딸의 특별수익 200

　법정상속분

　　배우자 6,600 × 3 ÷ 11 = 1,800

　　자녀들 각 6,600 × 3 ÷ 11 = 각 1,200

구체적인 상속분

	법정상속분	특별수익 차감	구체적인 상속분
배우자	1,800	0	1,800
장녀	1,200	0	1,200
차녀	1,200	0	1,200

막내딸	1,200	−200	1,000
외동아들	1,200	−1,200	0

ⓑ **남편과 사별 후 창업하여 성공한 여성기업인 S씨는 아들과 장녀, 차녀를 남기고 2023년 사망하였는데 사망 당시 남긴 재산은 6,200원이다.**

S씨는 생전에 아들에게 주식 1,000주를 당시 주당 10원에 증여하였는데 사망 당시 주당 시세는 5원으로 하락해 있었다.

2010년 장녀에게 금전 1,655원을 증여했는데 당시 GDP 디플레이터는 92.710이고 2023년 GDP 디플레이터는 112.066이다.

또한 12년 전 차녀에게 시가 1,000원하는 아파트를 증여했는데 2023년 현재 시세는 1,800원이다.

간주상속재산 = 15,000원

상속개시 당시 재산 6,200원

아들의 특별수익 5,000원 (주식 1,000주 × 주당 5원)

장녀의 특별수익 2,000원

(1,655×2023년 GDP 디플레이터 112.066÷2010년 GDP 디플레이터 92.710)

차녀의 특별수익 1,800원 (상속개시 당시 아파트 시세)

법정상속분

자녀들 각 15,000 ÷ 3 = 5,000원

구체적인 상속분

	법정상속분	특별수익 차감	구체적인 상속분
아들	5,000	-5,000	0
장녀	5,000	-2,000	3,000
차녀	5,000	-1,800	3,200

ⓒ 초과특별수익자 있는 경우

※ 초과특별수익자란 피상속인으로부터 이미 받은 재산(특별수익)이 자신의 법정상속분 보다 많아 상속개시 당시 재산에서는 더 이상 받을 게 없는 상속인을 말한다.

초과특별수익자가 있는 경우 초과분을 반환할 필요는 없다. 단, 유류분 반환의 대상이 될 수는 있다. 초과부분은 다른 공동상속인들에게 그들의 법정상속분에 따라 안분 공제하여 귀속되어 그 상속인들의 구체적인 상속분에서 차감된다.

P씨는 90,000원을 남기고 사망하였다. 상속인으로 배우자와 아들, 딸 각 1명 씩 있다.

P씨는 생전에 아들에게 30,000원을 증여했는데 상속개시 당시 가치로는 50,000원이었다.

간주상속재산 = 140,000원 (90,000원 + 50,000원)
법정상속분
  배우자 140,000 × 3 ÷ 7 = 60,000원
  자녀들 각 140,000 × 2 ÷ 7 = 각 40,000원

구체적인 상속분(1차)

	법정상속분	특별수익 차감	구체적인 상속분(1차)
배우자	60,000	0	60,000
아들	40,000	− 50,000	−10,000
딸	40,000	0	40,000

아들의 특별수익 초과부분 10,000원을, 배우자와 딸이 두 사람의 법정상속분에 따라 안분 공제한다. (배우자와 딸의 법정상속분: 배우자가 $\frac{3}{5}$, 딸 $\frac{2}{5}$)

배우자 10,000 × 3 ÷ 5 = 6,000원

딸　10,000 × 2 ÷ 5 = 4,000원

구체적인 상속분(최종)

	1차 구체적인 상속분	초과특별수익 안분 공제	최종 구체적인 상속분
배우자	60,000	− 6,000	54,000
딸	40,000	− 4,000	36,000

위에서 1차 구체적인 상속분 계산결과 아들이 초과특별수익자라는 것이 확인된 경우 바로 아들을 제외하고 나머지 상속인들만 분할해도 된다.

수정된 간주상속재산 = 90,000원 (아들의 특별수익을 제외한 것)

수정된 법정상속분

배우자 90,000 × 3 ÷ 5 = 54,000원

딸　90,000 × 2 ÷ 5 = 36,000원

최종 구체적인 상속분

두 사람 모두 특별수익이 없으므로 법정상속분대로 분할한다.

배우자 54,000원/딸 36,000원

ⓓ 금전채무와 특별수익자가 있는 경우

사망 당시 적극재산 100,000원과 소극재산(금전채무) 7,000원을 남긴 피상속인에게 배우자와 아들, 딸 각 1명이 있다. 피상속인은 생전에 배우자에게 30,000원을, 아들에게는 10,000원을 증여하였는데 상속개시 당시 가치도 그대로였다.

① 원칙적인 분할방법은 적극재산 따로, 소극재산 따로 분할

- 적극재산 분할

간주상속재산 = 140,000원 (남은 재산 100,000원 + 특별수익 40,000원)

법정상속분

배우자 140,000 × 3 ÷ 7 = 60,000원

자녀들 각 140,000 × 2 ÷ 7 = 각 40,000원

구체적인 상속분 (적극재산)

	법정상속분(적극재산)	특별수익 차감	구체적인 상속분(적극재산)
배우자	60,000	− 30,000	30,000
아들	40,000	− 10,000	30,000
딸	40,000		40,000

- 소극재산 분할

  간주상속채무 = 7,000원

  법정상속분

   배우자 7,000 × 3 ÷ 7 = 3,000원

   자녀들 각 7,000 × 2 ÷ 7 = 각 2,000원

  구체적인 상속분(소극재산)

   법정상속분과 같음
- 총상속이익

	적극재산 구체적인 상속분	이미 받은 특별수익 가산	소극재산 구체적인 상속분 차감	총상속이익
배우자	30,000	30,000	− 3,000	57,000
아들	30,000	10,000	− 2,000	38,000
딸	40,000	0	− 2,000	38,000

② 간이방식

   적극재산에서 소극재산(금전채무)을 우선 차감하고 분할하는 일반적인 방법

   간주상속재산 = 133,000원

    적극재산 100,000원 - 금전채무 7,000원 = 93,000 + 특별수익 40,000원

   법정상속분

    배우자 133,000 × 3 ÷ 7 = 57,000원

    자녀들 각 133,000 × 2 ÷ 7 = 각 38,000원

구체적인 상속분

	법정상속분	특별수익 차감	구체적인 상속분
배우자	57,000	- 30,000	27,000
아들	38,000	- 10,000	28,000
딸	38,000	0	38,000

적극재산은 적극재산대로, 금전채무는 금전채무대로 따로 분할하는 것이 원칙이지만, 초과특별수익자가 없는 경우에는 상속적극재산에서 금전채무부터 공제하고 나머지를 간주상속재산으로 하여 분할하는 방식이 더 간편하다.

라. 숨은그림 찾기

앞에서, 오빠가 미리 받은 재산이 특별수익이고 이를 증명할 책임은 동생에게 있다고 하였다. 따라서 피상속인의 재산이 오빠에게 이전된 사실을 증명하는 것이 전제조건이다.

그런데 그 내용을 정확하게 알고 있는 동생이 많지 않다. 그래서 근거자료를 어떻게 찾을 수 있는지 대표적인 재산에 대하여 설명한다.

이 부분 특별수익의 증거 찾는 방법은 유류분에서도 아주 중요하다. 대부분의 유류분반환청구는 특별수익을 대상으로 하기 때문이다. 그래서 유류분 편에서 따로 설명하지 않으니 이 부분을 활용하기를 바란다.

1) 증여한 부동산 찾기

시, 군, 구 민원실 또는 행정복지센터를 방문하여 피상속인의 세목별과세증명서를 전국단위, 전기간으로 지정하여 재산세, 자동차세 등의 과세내역을 발급받으면 거기에 과세대상 물건의 상세한 종류, 주소, 면적 등이 나온다.

그러면 그 재산에 대한 등기사항전부증명서 등을 발급받아 보면 언제, 누구에게 이전되었는지 확인할 수 있다. 상속인이면 누구나 발급받을 수 있다.

다른 방법은 상속재산분할심판 등이 진행되는 법원에 사실조회신청을 하기도 한다. 법원행정처를 대상으로 하여 피상속인과 특별수익자가 보유했던 부동산내역을 회신해 달라고 하여 재산의 이전 여부를 확인할 수도 있다.

2) 금전증여 찾기

가) 1단계 피상속인의 금융거래내역 조회

은행, 증권, 보험, 신용협동기구 등의 지점을 직접 방문하여 피상속인이 거래한 (해지계좌 포함) 전체 계좌의 신규부터 해지까지 거래내역을 조회한다.

10년 이전 거래내역도 해당 금융회사의 전산 시스템으로 가능하면 모두 조회한다.

법원을 통해 신청하면 대부분 10년 이내의 거래내역만 회신하지만 직접 방문하면 그 이상 기산노 출력해 주는 데가 많다. 상속인이면 누구나 가능하다.

다만, 사망 당시 계좌의 존재 여부 등을 알려주는 '안심상속 원스톱 서비스'와 혼동하지 말기 바란다. 사망하기 전에 모든 계좌를 해지하여 전산원장이 없는 경우 안심상속 원스톱 서비스에서는 회신하지 않는다.

그러나 과거 그 금융회사의 피상속인 계좌에서 특별수익자에게 금전이 이전

됐을 가능성도 있다. 방문하여 거래내역을 조회하면 이미 해지된 계좌의 과거 입출금 내역도 확인할 수 있다.

펀드나 신탁상품도 조회되고 그 계좌의 명의를 변경한 내역도 조회할 수 있다.

나) 2단계 특별수익자의 금융거래정보제출명령 신청

1단계에서 확보한 피상속인의 금융거래내역에서 특별수익자에게 이전되었을 것으로 추정되는 출금내역을 특정한 다음 법원에 특별수익자의 금융거래정보 제출명령을 신청한다.

이때 계좌이체 방식인지, 수표로 인출하였는지, 대체지급인지, 현금인출 방식 인지에 따라 신청내용을 달리 해야 하고 전표 보관기한 경과 여부에 따라서도 신청방법이 다르므로 금융회사 직원과 상의하는 게 좋다.

다만 특별수익자에 대해 금융거래정보제출명령을 신청할 때 신청대상 기간 을 최대한 짧게 하고 일정금액 이상의 거래에 대해서만 신청하는 것이 좋다.

특별수익자의 계좌거래내역은 사생활이므로 필요 이상 다른 상속인에게 공 개되는 것은 용인되지 않기 때문이다.

만약 본인이 특별수익자라면 무차별적이고 모색적인 금융거래정보 제출명령 신청에 대해서 적극적으로 이의를 제기할 필요가 있다.

다) 3단계 특별수익 증명

위 단계에서 피상속인의 금융재산이 특별수익자에게 무상으로 이전된 사실 이 확인되면 그것이 상속분의 선급에 해당한다는 점을 적극적으로 주장한다.

반면 이에 대하여 특별수익자로서는 그것이 본인 또는 피상속인과 무관하거 나 또는 재산의 무상이전이 아니거나 또는 상속분의 선급으로 볼 수 없다는 점 을 적극 항변하여야 한다. 특별수익의 인정 여부와 그 범위는 법관이 결정한다.

6장

기여분

6장 ⚖ 기여분

가. 내가 기여한 게 얼만데 똑같이 나눠?

딸이 "내가 아버지 재산에 기여한 게 얼만데 똑같이 나눠?"라며 억울하다고 한다. 공평하지 않다는 것이다. 그게 기여분이다.

공동상속인 중에 피상속인을 특별히 부양하였거나 피상속인의 재산의 유지·증가에 특별히 기여하였을 경우 이를 상속분 산정에서 고려함으로써 공동상속인들 사이의 실질적 공평을 도모하려는 것으로서 구체적 사건에서 인정되는 사정에 따라 결정되며, 분할대상 재산에서 차감되므로 법정상속분을 수정하는 요소가 된다.

나. 특별한 부양은 무엇이고 특별한 기여는 무엇인가?

부양과 기여의 형태는 집마다 다르고, 사람마다 다르다. 그렇지만 기준은 있다. 대법원은 "기여분을 인정하기 위해서는 공동상속인 간의 공평을 위하여 상속분을 조정하여야 할 필요가 있을 만큼 피상속인을 특별히 부양하였다거나 피상속인의 상속재산 유지 또는 증가에 특별히 기여하였다는 사실이 인정되어야 한다." 라고 판시하고 있다.

법원은 기여의 시기, 기여 방법, 기여 정도, 기타 사정을 참작하여 기여분 인정

여부를 결정하고 있다.

다만, 피상속인의 뜻이 확인되지 않은 상태에서 사후에 결정된다는 점, 기여분 인정 여부에 따라 다른 상속인들의 상속분이 줄어들게 된다는 점에서 인색하다고 느낄 정도로 엄격하게 적용하고 있다.

예를 들면, 20년 이상 부부로 함께 살면서 부양과 간호를 한 배우자에 대하여 기여분을 인정하지 않은 판결이 있는 반면, 결혼한 후에도 30년 이상 부모를 모시고 살면서 친정 제사까지 모신 딸에 대하여 기여분을 인정한 판결도 있다. 집마다, 사람마다 처한 상황에 따라 다른 결정이 나온다고 볼 수 있다.

다. 상속을 포기한 자는 기여분을 주장할 수 없다.

1) 기여분을 주장할 수 있는 사람은 반드시 공동상속인이어야 한다.

상속을 포기한 자는 상속인이 아니다. 사실혼 배우자도 상속인이 아니다. 제3자는 당연히 상속인이 아니다. 이런 사람들은 상속재산분할에 참여할 수 없다.

그런데 기여분은 상속재산을 분할하는 과정에서 주장하는 것이다. 독립적으로 청구할 수 있는 것이 아니다. 따라서 상속인이 아닌 사람은 아무리 피상속인을 특별히 부양하고 재산형성에 기여했더라도 기여분을 주장할 수 없다.

초과특별수익자도 기여분을 주장할 수는 있으나 이론상 그렇다는 것이고 실제 법원에서 인정되는 경우는 거의 없다고 한다. 이미 많이 받았기 때문이다.

피상속인이 유언으로 기여분을 지정할 수는 있겠으나 법적효력이 있는 것은 아니다. 다만, 법원이 기여분을 결정할 때 이를 참작할 수는 있다. 피상속인이 기여분을 인정하고 싶으면 생전에 증여하거나 유증하면 되기 때문이다.

후순위 상속인도 기여분을 주장할 수 없다. 사례를 보면, 신약개발회사를 운영하던 L씨는 장남을 후계자로 삼아 주식을 넘겨주고 자신은 이사회 의장으로 신약개발과 영업을 책임지고 있었다. 장남의 재산은 L씨의 기여로 형성되었다.

그러던 어느 날 장남이 사고로 사망하여 며느리와 미성년인 손자가 상속받게 되었는데 며느리가 이사회 의장인 시아버지를 해임하고 회사에서 축출하였다.

L씨는 우선순위 상속인이 아니어서 상속재산분할을 청구하지 못하고 기여분도 청구할 수 없었다. 상속권이 없으니 유류분도 주장하지 못했다. 새로 회사를 만들 생각도 해 보았으나 자금이 부족하여 그마저도 포기하고 말았다.

2) 그러나 기여한 사람이 꼭 공동상속인이어야 하는 것은 아니다.

며느리가 시부모를 지극한 정성으로 간호하여 효부상을 수상하는 등 특별한 부양을 한 경우, 며느리가 직접 기여분을 청구할 수는 없지만 그의 배우자인 피상속인의 아들이 기여분을 청구하는 경우 이를 참작요소로 삼을 수는 있다.

또한 아들이 아버지의 재산형성에 크게 기여했는데 아버지보다 먼저 사망하고 그 후 아버지가 사망하여 먼저 사망한 아들의 자녀, 즉 피상속인의 손자녀가 대습상속을 하는 경우, 손자녀는 자신의 아버지가 조부의 재산형성에 기여한 것은 물론 자신이 조부를 간호하는 등 특별히 부양한 것을 합하여 기여분으로 주장할 수 있다.

라. 피상속인이 유증해 버리고 남은 재산이 없으면 기여분도 없다.

기여분은 상속이 개시된 때의 피상속인의 재산가액에서 유증의 가액을 공제한 액을 넘지 못한다. 아무리 기여를 많이 했더라도 몫이 정해지지 않은 재산이 없으면 아예 기여분을 주장할 수도 없다.

예를 들어, 자신의 재산 10억 원 전부를 유언으로 몫을 정해 줬다면 누구든 지 기여분을 주장할 수 없다. 피상속인이 상속인 사이의 다툼을 방지하기 위하여 전 재산을 유증했기 때문에 아예 기여분 주장을 할 수 없게 된 것이다.

마. 기여분은 어떻게 결정하나?

1) 기여분은 내가 주장하고 내가 증명해야 한다.

기여분이라는 것은 내가 더 받는 것이다. 분할대상 재산에서 제외하여 기여자의 몫으로 우선 배분하는 것이다. 그러므로 내가 적극적으로 주장하고 내가 증명해야 한다.

공동상속인들 사이의 공평을 목적으로 하는 점에서는 특별수익과 같지만 기능적으로는 정반대로 작용한다.

2) 법원에 의한 기여분 결정 - 지정한 기간을 지켜야 한다.

가) 법원이 지정한 기간을 지켜야 한다.

상속인들 사이에서 기여분에 관해 협의가 안 되면 먼저 상속재산분할에 대한 조정을 신청한다. 조정을 신청하는 기간은 제한이 없다.

이때 조정을 접수한 법원이 공동상속인 전원에게 1개월 이상의 기간을 정하여 기여분 결정을 청구하는 기간을 통지하는데 이 기간을 지나서 기여분을 청구하면 각하될 수도 있다.

그런데 제2심의 결정이 있기 전까지는 기여분 결정청구를 받아주기도 한다. 이 부분은 앞에서 본 특별수익과 다른 점이다. 특별수익은 청구절차라는 게 없다.

나) 법원은 아주 많은 요소를 가지고 기여분을 결정한다.

법원은 기여자의 행위와 기여의 정도만을 가지고 기여분을 결정하지 않는다. 전체 상속재산의 규모는 어떤지, 각 상속인이 받은 특별수익은 어느 정도인지, 상속채무가 있는지, 다른 상속인의 유류분을 침해하지 않는지 등을 고려한다.

여기에 피상속인과 상속인의 자산, 수입, 생활수준, 피상속인과 상속인의 평소 관계 등 가족내부 사정까지 종합적으로 고려하여 형평의 이념에 맞도록 결정한다. 가끔 일반상식에 어긋나는 결정을 하는 경우도 있기는 하지만…….

법원이 기여자의 기대와 다른 결정을 하는 것을 막을 방법은 없다. 그렇다고 해서 기여를 하지 않을 수도 없다. 그러니 가장 현명한 방법은 기여한 근거를 확실하게 남기는 것이다.

부모님의 주택구입자금을 지원했으면 그에 해당하는 근저당권을 설정하든지, 지분등기를 하든지, 명의신탁 확인서를 받아 두든지, 부모님으로부터 확인서를 받아 두든지, 어떤 방법이든 추후 분쟁이 생길 것에 대비하는 것이 중요하다.

다) 기여분은 상속이 개시된 당시의 가치로 평가한다.

9년 전에 100의 기여를 했다면 100을 그대로 적용하지 않고 상속개시 당시로 재평가하여 가액 또는 비율을 정한다. 그리고 기여분은 적극재산에 대해서만 적용한다.

예를 들어 상속적극재산 10,000원과 소극재산(금전채무) 5,000원을 남긴 경우 기여분으로 10%를 인정했다면 가액으로는 1,000원이 된다. 순상속재산(재산 10,000원-채무 5,000원) 5,000원에서 10%를 적용하지 않는다.

그러므로 결과적으로 보면 기여상속인도 금전채무는 법정상속분대로 부담한다.

라) 기여분이 결정되면 분할대상 재산에서 차감된다.

기여분이 확정되면 그 기여분을 공제한 것을 분할대상으로 하여 법정상속분에 따라 산정한 상속분에 기여분을 가산한 액으로써 기여자의 상속분으로 한다. 예를 들면 아래와 같다.

피상속인 M씨가 남긴 재산은 적극재산 10,000원과 소극재산(금전채무) 700원이다. 상속인으로 배우자와 딸, 아들 각 1명이 있는데, 배우자의 기여분으로 20%를, 딸의 기여분으로 10%를 인정하였다. 이 경우 심판분할을 하면 아래와 같다.

간주상속재산(적극재산) = 7,000원

적극재산 10,000원 - 배우자의 기여분 2,000원 - 딸의 기여분 1,000원

상속인별 법정상속분: 합계 7 (배우자, 자녀 2명)

배우자 = 7,000 × 3 ÷ 7 = 3,000

자녀들 = 각 7,000 × 2 ÷ 7 = 각 2,000

구체적인 상속분(적극재산+소극재산)

	법정 상속분 ⓐ	기여분 가산 ⓑ	구체적인 상속분(적극재산)	소극재산 (금전채무)	총상속이익
배우자	3,000	2,000	ⓐ+ⓑ = 5,000	- 300	4,700
딸	2,000	1,000	ⓐ+ⓑ = 3,000	- 200	2,800
아들	2,000	0	ⓐ+ⓑ = 2,000	- 200	1,800
합계	7,000	3,000	ⓐ+ⓑ = 10,000	- 700	9,300

7장

받는 방법도 가지가지

7장 받는 방법도 가지가지

가. 상속재산 분할이란?

사람이 가지고 있는 재산에 관한 권리와 의무는 다른 사람과 연관되어 있어서 단 1초도 단절되어서는 안 된다. 그러나 사람이 사망하면 어쩔 수 없이 권리와 의무는 단절된다.

이에 상속법은 사망과 동시에 그 사람의 재산에 관한 권리와 의무를 법정상속인에게 각자의 상속분에 따라 자동으로 승계하도록 규정하고 잠정적으로 공유하게 함으로써 권리와 의무가 단절되지 않게 하고 있다.

이렇게 잠정적으로 공유하는 동안 상속부동산에 대하여 상속인 중 1인이 공동상속인 모두를 위하여 법정상속분에 따른 상속등기를 할 수 있고, 개량행위, 이용행위 등 관리행위는 상속인 과반수의 동의로 할 수 있으며, 상속인 전원의 동의가 있으면 상속재산 처분도 가능하다.

그 후 유증, 특별수익, 기여분 등을 고려한 구체적 상속분에 따라 분할함으로써 잠정적 공유관계를 종료시키고 각 상속인에게 배분하게 되는데 이를 상속재산의 분할이라고 한다.

이후 유류분 부족액이 발생하면 최종적으로 수정될 수도 있다.

그리고 상속재산분할의 효력은 상속이 개시된 때로 소급한다. 예를 들어 상속받은 부동산을 6개월 후에 등기를 이전하더라도 부동산에 대한 권리는 이미 상속이 개시된 때로 소급하여 승계받은 것이라는 뜻이다.

그러나 제사용 재산은 제사를 주재하는 사람이 받을 수 있고, 부의금은 아예 상속재산이 아니므로 분할의 대상에서 제외된다.

나. 어떻게 나누나?

상속재산은 그 유류분을 침해하지 않는 한 피상속인의 유언에 따라 분할하고(유언분할) 그 유언이 없는 때에는 상속인 전원의 합의에 의하거나(협의분할) 법원의 조정 또는 심판에 의해 분할한다(심판분할).

1) 유언분할 - 유언이 최우선이다.

상속재산은 피상속인의 유언이 있으면 가장 우선적으로 유언에 따라 나눈다. 어디에 있는 아파트 몇 동 몇 호는 누구에게 준다, 어디에 있는 임야는 팔아서 돈으로 나누라, 어떤 건물은 누가 갖는 대신 누구에게 얼마를 주라든가 하는 유언이 있으면 그에 따르는 것이 가장 우선한다.

상속재산의 일부에 대해서 유언이 있으면 그 부분은 유언에 따르고 나머지는 상속인들이 협의하여 분할하면 된다.

또한 5년을 초과하지 아니하는 기간 내에서 분할을 금지하는 유언도 효력이 있다. 이 경우 제3자를 유언집행자로 지정해 두지 않으면 분할금지 유언에도 불구하고 상속인 전원의 합의로 분할을 강행하더라도 현실적으로 이를 막을 방법은 거의 없다.

그래서 유언대용신탁이 이용되는 것 같다. 생전에 재산을 금융회사 등의 유언대용신탁에 맡기고 상속개시 후에도 일정기간 운용하도록 신탁계약을 해 두면 피상속인이 원하는 기간 동안 분할을 금지하는 효과를 달성할 수 있다.

다만, 비용이 드는 게 단점이기는 하다.

유언에 따라 분할하기를 원하는 피상속인은 가장 우선적으로 법정유언방식을 준수해야 하고, 유언의 내용은 상세하게, 구체적으로 적어야 하며, 재산상황의 변화에 따라 수시로 내용을 조정하여 새로운 유언장을 만들어 둘 필요가 있다.

그러나 유언이라고 해서 무조건 그에 따라야 하는 것은 아니다. 유증을 받을 사람이 안 받겠다고 하거나 양보하고 상속인 전원이 합의하면 유언과 다르게 분할해도 된다.

2) 협의분할 - 특별대리인 없이 분할하는 방법도 있다.

유언이 있으면 그에 따르면 되고 유언이 없으면 상속인들의 합의로 분할하면 된다. 법에는 협의라는 단어를 사용했지만 상속인 전원의 합의를 요한다. 협의분할이 아니라 사실은 '합의'분할이다.

상속인은 상속을 포기하지 않는 이상 상속받을 몫이 있든 없든 협의에 참여해야 하고 상속재산을 비율로 유증받은 사람(포괄수유자)도 참여해야 한다.

그리고 공동상속인 사이에 어떤 재산이 분할대상 상속재산인지 여부에 대하여 다툼이 있는 경우에는 법원에 그 확인을 구하는 소를 제기할 수 있다.

가) 소재불명자가 있으면 어떻게 하나?

상속인 중 연락이 안 되는 사람이 있으면 부재자 재산관리인을 선임하여 그 사람이 법원에 협의분할 권한에 대한 허가를 받아 분할하는 방법이 있다.

다만, 이때 부재자의 상속분이 없는 것으로 합의를 한다면 모르지만 상속분이 있는 것으로 합의 한다면 그 재산을 계속 관리해야 하고 추후 실종선고 등을 받아 최종적으로 정리해야 하는 부담은 남는다.

처음부터 법원에 상속재산분할 심판을 청구하는 방법도 있다. 이 경우 법원에서 부재자에게 보낸 서류가 계속 반송되면 공시송달이라는 제도를 통해 부재자가 궐석인 상태로 심판을 진행하고 분할을 명한다.

상속인들은 법원의 결정문을 가지고 예금을 인출하거나 부동산 소유권이전등기를 신청하는 등 상속절차를 진행하면 된다.

이 경우에도 부재자의 상속분을 계속 관리해 주어야 하고 나중에 별도로 실종선고 등을 받아 정리해야 한다. 결국 부재자의 생사가 확인되거나 실종선고 등으로 결론이 나고 실종자의 상속인이 누구인지 확정되어야 마무리될 수 있다.

상속인 중에 질병, 장애, 노령, 그 밖의 사유로 인한 정신적 제약으로 사무처리 능력에 도움이 필요한 사람이 있다.

이런 사람이 참여한 상속재산분할 협의는 효력을 인정받지 못할 수 있다. 그런 경우에는 법원에 그 사람에 대한 후견인 선임을 청구하여 그 선임된 후견인과 상속재산분할협의를 해야 한다.

재외국민이 상속인인 경우 장례 참석을 위해 귀국했을 때 협의분할에 참여하고 인감증명서 또는 본인서명사실확인서를 발급받아 첨부하면 가장 좋다. 그렇지 못한 경우 상속재산분할협의서를 그 상속인에게 보내 소재지에 있는 대한민국 영사관에서 분할협의서에 본인서명사실을 확인 받아 회신하면 된다.

외국인 상속인도 협의분할에 참여해야 한다. 우리나라 상속에서 부동산이 많은 현실을 감안하여 부동산에 대한 상속등기에 필요한 서류를 기준으로 설명한다.

국내에 외국인등록을 했으면 인감증명서나 본인서명사실확인서가 발급되므로 문제 없다. 일본이나 대만 국적인 경우에는 그 나라에서 발급된 인감증명서도 인정된다.

그 외 인감증명서 등 제도가 없는 외국인의 경우에는 분할협의서에 본인이 서명했다는 것을 확인하는 공정증서, 본국 관공서의 증명서, 대한민국 재외공관의 증명 등이 있다. 다만, 외국어로 된 문서의 경우 아포스티유 확인 또는 주재국 대한민국 공증담당영사의 확인을 받은 번역문에 한하여 인정된다.

나) 미성년 상속인이 있는데 특별대리인 없이 분할하는 방법

배우자가 사망하고 생존배우자와 미성년 자녀가 함께 상속하는 경우, 자녀들의 친권자는 생존배우자이지만 상속재산분할협의에서는 법정대리권이 인정되지 않는다. 서로 이해가 상충된다는 것이다.

생존배우자의 상속분을 0(영)으로 해도 안 된다. 상속한 부동산의 명의를 자녀 명의로만 하는 경우에도 대리권이 인정되지 않는다.

뿐만 아니라 미성년 자녀들마다 따로 특별대리인을 선임하여 그 사람과 분할협의를 해야 한다. 생존배우자는 상속을 포기하고 자녀들이 여러 명 있는 경우 생존배우자는 그중 한 명에 대해서는 대리권을 행사할 수 있지만 여러 명에 대해서 동시에 대리권을 행사할 수는 없다. 자녀들의 이해가 서로 상충될 수 있기 때문이다.

그러나 특별대리인 없이 분할하는 방법도 있다.

ⓐ 상속예금을 인출하거나 해지하여 지급받을 때는 생존배우자가 미성년 자녀들을 대리할 수 있다. 특별대리인을 선임하지 않아도 된다. 예금을 인출하는 행위 자체는 상속재산의 분할이 아니기 때문이다. 뿐만 아니라 인출한 예금은 등기등록하는 재산도 아니다. 따라서 생존배우자가 혼자 나누어도 된다. 분할협의 자체가 필요 없다.

ⓑ 상속재산을 생존배우자와 미성년 자녀들의 법정상속분대로 등기하는 경우 특별대리인을 선임하지 않아도 된다. 생존배우자 혼자서 해도 된다. 부동산을 상속하는 경우 이런 방식으로 하는 사람들이 많다.

ⓒ 상속인이 생존배우자와 미성년 자녀 한 명뿐인 경우 생존배우자가 먼저 상속포기신고를 하면 자녀가 단독상속인이 되고 그 단독상속인의 법정대리인으로서 생존배우자가 상속재산에 대한 처분권을 행사할 수 있다.

생존배우자는 처음부터 상속인이 아니기 때문이다. 이 경우에는 특별대리인을 선임할 필요가 없다.

ⓓ 부부가 이혼하고 자녀를 아내가 키우더라도 전 남편이 사망하면 자녀는 전 남편의 직계비속으로서 1순위 상속인이 된다. 이 경우 이혼한 아내는 자녀의 친권자로서 그 자녀를 대리할 수 있다. 특별대리인을 선임하지 않아도 된다.

미성년 상속인에게 친권자가 없는 등 이유로 미성년 후견인이 선임되어 있는 경우에는 그 후견인이 앞에서 본 친권자, 즉 생존배우자의 역할을 할 수 있다.

ⓔ 태아에게도 상속권이 있다. 그런데 상속재산분할협의를 할 때까지 출생하지 않은 태아에게는 대리권 자체가 성립되지 않는다. 생존배우자의 대리권이 성립되지 않을 뿐만 아니라 특별대리인을 선임할 수도 없다.

그러므로 상속인 중에 태아가 있는 경우에는 출생을 기다려 분할협의를 하는 것이 합리적이다.

그럼에도 공동상속인들이 급하게 태아를 제외하고 협의분할을 했다면 그 후 출생한 태아는 자신의 상속분에 해당하는 가액의 지급을 청구할 권리가 있다. 물론, 이때는 특별대리인을 선임하여야 한다.

다) 분할협의 방식에 제한은 없다.

분할협의를 어떤 방식으로 해야 한다는 규정도 없고 정해 놓은 양식도 없다. 다만, 부동산 등의 소유권을 이전하려면 반드시 서면으로 된 분할협의서를 제출해야 할 뿐만 아니라, 말로 합의했는데 뒤늦게 합의한 적 없다고 하면 법원에서는 서면으로 된 합의서가 없다는 이유로 말로 한 합의의 효력을 인정하지 않고 있으므로 법률구조공단 등이 게시한 서면 등으로 작성하는 것이 좋다.

협의서는 모두 한자리에 모인 상태에서 작성하면 좋겠지만 필수적인 요건은 아니다. 구두로 합의한 내용을 한 사람이 서면으로 정리하여 순차적으로 전달해서 서명·날인해도 된다.

한 장의 분할협의서에 내용을 모두 적을 필요도 없다. 예를 들면, 아파트 소유권이전등기를 위해 해당 아파트만 대상으로 하는 분할협의서를 작성해서 인감증명서를 첨부하여 등기소에 제출하고, 별도로 그 아파트를 포함하여 전체 상속재산에 대한 분할협의서를 작성하여 상속인들이 보관해도 된다.

라) 마음대로 나누어도 증여세도 안 낸다.

상속재산 전부를 배우자의 몫으로 하고 자녀들은 안 받는 경우도 많다. 생존한 부모의 생계가 우선이기 때문이다. 그래도 증여세가 없다. 윤리적으로도 칭찬받을 일이다.

반대로, 배우자는 안 받거나 조금 받고 자녀들의 몫을 크게 하든, 자녀들의 몫도 법정상속분과 다르게 나누든 상관이 없다. 철저하게 자율적인 분할을 인정한다. 증여세도 부과되지 않는다.

이런 제도저 특징을 활용하는 사람들도 많다. 배우자의 재산두 어차피 자녀들에게 상속되는데, 배우자의 재산이 많은 상태에서 또 배우자의 상속분을 많게 하면 나중에 자녀들에게 물려줄 때 또 상속세를 많이 부담하게 되므로 아예 배우자의 몫은 없이 전부 자녀들에게 귀속시키는 사람도 있다.

유증받은 사람이 양보를 하든, 부동산이나 주식을 그대로 나누든, 팔아서 나누든, 예금을 나눠 갖든, 특정재산을 특정상속인이 갖는 대신 돈으로 정산하든, 이런 방식을 절충하든, 상속인 전원이 합의하기만 하면 어떤 식으로 분할하든 모두 가능하다.

마) 상속재산분할협의가 사해행위가 될 수도 있다.

이미 채무가 많은 상속인이 부모의 사망으로 재산을 상속하게 되었는데 상속받은 재산으로 빚을 갚아야 할 처지가 되자 이를 피할 목적으로 자신은 상속재산을 안 받는 것으로 분할협의를 하는 경우가 있다.

그러나 그 분할협의는 채권자를 해하는 행위(사해행위)로서 효력이 없다.

그런데 같은 목적이라도 상속포기를 해 버리면 사해행위가 아니다. 왜 그럴까?

상속재산을 분할하는 행위는, 상속이 시작된 때 법정상속분에 따라 자동적으로 받은 재산을 나누는 것이므로 자신의 지분을 양보했다는 말은 자신의 재산을 처분했다는 말이고 의도적으로 책임재산을 감소시킨 것이므로 이는 채권자를 해하는 사해행위가 된다.

반면, 상속을 포기하면 상속이 시작된 때로 소급하여 상속인이 아니었던 것이 되고 자동적으로 승계받은 재산도 없다는 말이 되므로, 결국 채무자의 재산이 감소되었다고 볼 수 없어 사해행위가 아니라는 것이다.

그러므로 이런 목적을 가진 사람들은 대부분 상속포기를 하고 아예 상속재산분할에 참여하지 않는다.

바) 분할협의는 법정단순승인 사유가 된다.

앞에서 설명했지만, 상속재산분할협의는 상속이 시작되면서 자동적으로 승계된 재산을 상속인들이 나눠 갖는 처분행위라고 하였다. 자신의 상속분을 없게 합의해도 처분행위에 해당하는 것에는 변함이 없다.

문제는 상속재산의 처분행위는 법정단순승인 사유에 해당한다는 것이다. 법정단순승인이라는 것은 무조건 상속을 승인하는 효과가 발생한다는 뜻이다.

다시 말하면, 상속재산분할협의에 참여한 상속인은 나중에 상속을 포기하거나 한정승인을 하지 못한다는 말이다. 그러니 상속재산분할 협의에 참여할 때는 가능한 상속채무와 상속재산을 정확하게 파악하고 나서 참여할 필요가 있다.

사) 분할협의가 유류분반환의 대상이 되는 경우도 있다.

앞에서도 설명했지만 남편의 재산을 상속받아 분할하면서 자신의 상속분을 콕 찍어 장남에게 주는 아내가 있다. 누가 시비를 걸 수도 없다. 아내 마음대로다.

증여세도 부과되지 않는다. 그런데 문제는 아내가 사망했을 때 생긴다.

아내가 사망하면 자녀들이 아내(어머니)를 상속하는데 이때 아버지 사망 당시 장남이 어머니로부터 양보받은 것을, 장남이 어머니의 상속재산을 미리 받은 특별수익으로 간주하여 장남이 받을 상속분에서 그만큼 차감하게 된다.

뿐만 아니라 당연히 유류분반환의 대상도 된다.

아) 분할을 다시 할 수도 있다.

이미 상속재산분할 협의를 마쳤더라도 전원이 합의하여 이전 분할협의를 해제하고 다시 할 수도 있다. 몰랐던 상속재산이 발견된 경우에노 다시 분할협의를 할 수 있다.

또한 강요나 착오에 의해 합의에 이른 경우 취소하고 다시 분할해야 한다.

그런데 상속재산분할협의를 마친 사람은 유류분반환청구권을 포기한 것인가?

이에 대하여는, 자신의 유류분을 침해하는 분할협의를 한 것은 유류분 포기와 같다는 판결이 있다. (대법원 2008다8878 판결)

반면, 상속인들이 상속재산분할협의를 하였다거나 그 당시 유류분을 주장하지 아니하였더라도 그로써 유류분반환청구권을 포기했다고 볼 수 없다는 판결도 있다. (대법원 2015다239591 판결)

다수의견은, 분할협의의 대상이 된 상속재산의 내용, 분할협의 과정, 협의과정에서 상속인의 유류분권행사에 관한 태도, 분할협의 내용에 유류분권이 반영되었는지 등을 살펴 상속인들의 의사가 확정적이고 종국적이라면 그 후 유류분반환청구를 하는 것은 허용되지 않는다고 본다.

그러나 다른 상속인이 상속재산의 내역을 사실과 다르게 알려 그에 속아 분할협의에 동의했다면 유류분반환을 청구할 수 있을 것이다.

자) 30년 전의 상속에 대해서도 분할을 요구할 수 있다.

아무리 오래 전 상속된 것이라도 협의분할 또는 심판분할을 한 사실이 없다면 지금이라도 상속분을 나누자고 요구할 수 있다.

예를 들면, 배우자와 자녀들이 공동으로 부동산을 상속하면서 법정상속분대로 등기해 놓았다가 오랜 시간이 흘러 분할하려고 할 때 기여분이나 특별수익을 고려하는 문제로 다툼이 생기는 경우가 여기에 해당한다.

공동상속인이라면 누구든지 협의로 분할하자고 요구할 수도 있고 상대방들이 그에 응하지 않으면 법원에 분할심판을 청구해도 된다.

그러나 분할협의를 한 기억이 없다고 하는데 막상 부동산등기신청서류 등을 확인해 보면 그 당시 인감증명서와 인감도장을 주고 알아서 하라고 한 경우가 대부분이다. 이는 분할을 완료한 것으로 의제될 가능성이 높다. 따라서 분할을 청구하기 전에 분할협의가 있었는지, 없었는지 철저하게 확인할 필요가 있다.

차) 꼭 부제소 합의를 하라!

상속인들끼리 상속재산분할협의서를 작성할 때 꼭 부제소 합의를 하라고 제안하고 싶다. 경험상, 뒤돌아서 소를 제기하는 경우를 보면서 안타까운 마음이 들어 제안하는 것이다.

상속재산분할협의서 하단에 '특별합의'라고 적고 "이 서면에 서명 또는 날인한 모두는 피상속인 고 △△△의 상속과 관련하여 이후 상속재산분할심판청구, 기여분청구, 유류분청구 등 일체의 가사, 민사 등의 소를 제기하지 않을 것을 서약하며, 이를 어길 경우 어긴 사람이 받은 상속재산 전부를 다른 공동상속인들에게 반환하기로 서약한다."라고 기재하기를 제안한다.

그러나 부제소 합의를 하더라도 상속재산을 숨겨 놓았다는 등 부정한 행위가 나타나면 부제소 합의가 해제될 수 있으므로 안심해도 된다. 결론적으로 분할협의서에 서명·날인할 때 신중하게 해야 한다는 점은 꼭 기억해야 할 것이다.

3) 심판분할 – 가끔 친한 변호사의 편에 서는 판사도 있다.

가) 가끔 친한 변호사의 편에 서는 판사도 있다.

공동상속인 전원이 합의하여 상속재산을 분할하면 법원까지 가지 않아도 된다. 그러나 일부 상속인이 아예 협의에 응하지 않거나, 협의에 응하고도 상속분에 불만을 품고 동의하지 않고 있다든지, 연락이 되지 않는 상속인이 있는 등의 경우에는 상속재산을 정리하지 못한다.

그럴 때 상속재산분할 심판을 청구한다. 상속재산분할심판은 판사가 당사자의 주장에 구애받지 않고 직권으로 증거를 수집·조사할 수 있고, 당사자가 주장하지 않은 사항에 대해서도 후견적 재량을 발휘하여 판단할 수 있다.

그래서 재판이라고 하지 않고 심판이라고 한다. 판결이라고 하지 않고 결정이라고 한다. 그래서 나온 말이 '가정법원 판사는 착한 상속인의 편에 선다'라는 말이다.

그렇지만 착한 상속인을 외면하고 친한 변호사의 편에 서는 경우도 더러 있다.

나) 내가 사는 곳에 있는 가정법원에서 심판받는 방법

상속인 중 단 한 사람이 상속재산분할심판을 청구하더라도 나머지 상속인들은 자동적으로 심판의 당사자가 된다. 심판의 결과는 모든 상속인에게 영향을 미치기 때문이다. 상속을 포기하지 않는 이상 판사가 오라고 하면 가야 된다.

이때 심판을 청구하는 요령이 있다. 재판관할 때문이다. 상속재산분할심판은 청구인의 주소지가 아니라 상대방의 주소지를 관할하는 가정법원에서 한다.

예를 들어, 부산에 살다가 사망한 피상속인의 자녀 5명 중 3명은 서울에 살고 2명은 부산에 사는데 서울에 사는 자녀들이 협의서에 도장을 찍지 않고 있는 경우 실질적인 상대방은 서울에 사는 자녀들이지만 부산에 사는 자녀를 상대로 부산법원에 심판을 청구하면 서울까지 가지 않고 부산에서 심판할 수 있다.

단, 서울에 사는 자녀가, 다른 자녀들이 서울에 사는 것을 근거로 서울법원에 심판을 청구하기 전에 해야 한다. 이것도 요령이다. 그러나 유류분반환청구의 소는 피상속인의 최종 주소지를 관할하는 법원에서 한다.

상속인의 채권자가 상속인을 대위하여 상속재산분할 심판을 청구할 수 있는지 문제가 된다. 난이도가 높다. 결론만 말하면, 가능하기는 하지만 극히 예외적인 경우가 아니면 허용되지 않는다. 사실상 불가능하다.

친권자와 미성년 자녀가 함께 분할심판의 당사자가 된 경우 미성년 자녀마다 특별대리인을 선임해야 한다. 여기서의 특별대리인은 앞에서 본 분할협의를 할 때 특별대리인과 다르다.

따라서 분할협의 또는 상속등기를 위해 이미 특별대리인을 선임했더라도 심판을 위해 한 번 더 특별대리인 선임절차를 거쳐야 한다.

다) 상속재산분할심판 청구 조건 등

ⓐ 상속의 승인 또는 포기를 위한 3개월의 숙려기간이 지나야 심판을 청구할 수 있다. 이는 상속인 전원의 숙려기간이 지나야 된다는 말이다.

ⓑ 협의분할이 성립되지 않은 상태여야 한다. 이미 분할협의가 완료된 후에는 심판을 청구할 수 없다. 그래서 분할심판이 청구되면 가장 먼저 분할협의 완료 여부를 심사한다.

ⓒ 유언으로 분할을 금지한 경우 그 기간 내에는 분할심판을 청구할 수 없고 유언으로 분할방법을 지정한 경우에도 그에 따라야 하므로 분할방법이 지정된 부분에 대해서는 분할을 청구할 수 없다.

ⓓ 상속재산분할심판이 청구되면 법원에서 상속인들에게 1개월 이상의 기간을 정하여 기여분의 결정을 청구할 사람은 청구하라고 통지한다. 그 기간을 넘긴 기여분 청구는 각하될 수도 있다. 그러나 항고심에서 다시 받아 줄 수도 있다.

ⓔ 상속인이 아닌 사람이 당사자가 되어 상속재산을 받았거나, 상속재산분할 후 상속순위가 달라져 재산을 받은 사람이 후순위 상속인이 되었거나, 새로운 상속재산이 드러난 경우 다시 분할심판을 청구할 수 있다.

그러나 이미 분할한 재산이 나중에 상속재산이 아니었던 것으로 밝혀진 경우에는 다시 분할을 청구할 수는 없고 그 재산을 받은 사람이 다른 상속인들을 상대로 부족분의 반환을 청구하여 조정하여야 한다.

라) 거액의 금양임야, 묘토 보상금 나눌 수 있나?

금양임야와 묘토 등 제사용 재산은 제사주재자가 승계한다. 그런데 도시화가 진행되고 골프장 등이 생기면서 금야임야, 묘토 등이 수용되고 제사주재자가 토지보상금으로 거액을 수령하는 경우가 있다. 이 보상금을 제사주재자 혼자 독식할 수 있을까? 여기에 대해서 안타깝게도 아직까지 확립된 판례는 없다.

다만 ⓐ 상속재산분할심판 청구에 기간의 제한이 없는 점 ⓑ 제사용으로 사용되는 것을 전제로 제사주재자에게 배타적으로 귀속된 재산이 더 이상 제사용 재산으로 사용되지 않게 되었음에도 그 재산에 대한 권리(보상금)를 단독으로 가지는 것은 공평의 원칙에 반하는 점에서 분할되어야 한다고 생각한다.

이때 피상속인은 해당 제사용 재산을 출연한 조상으로, 상속인은 그 후손으로 하여 분할하는 것이 공평하다고 생각하며 다만, 보상금에서 대토비용, 납골당비용, 적정한 제사비용 등을 뺀 나머지 금액이 분할대상이 되어야 할 것이다.

마) 조정전치주의

상속재산분할심판을 청구하려는 사람은 먼저 조정을 신청하여야 한다. 조정을 신청하지 않고 심판부터 청구해도 조정에 회부된다.

단, 공시송달의 방법이 아니면 당사자의 어느 한쪽 또는 양쪽을 소환할 수 없거나 그 사건을 조정에 회부하더라도 조정이 성립될 수 없다고 법원이 인정하는 경우에는 심판절차를 바로 진행할 수도 있다.

바) 법원의 분할방법

상속재산의 종류 및 성격, 상속재산의 이용관계, 상속재산분할로 인한 분쟁의 우려 등 여러 사정을 고려하여 법원이 후견적 재량에 의하여 결정할 수 있다.

(1) 현물분할

부동산을 상속분의 비율대로 공유하게 하거나(지분분할), 1필지의 토지를 여러 필지로 분할하여 나누거나, 여러 개의 물건을 각각 소유하게 하는 방법이다.

(2) 대상분할(차액정산에 의한 현물분할)

예를 들어 상속재산이 주택 한 채뿐이고 자녀가 그 아파트에 거주하고 있는 경우 그 자녀가 그 주택을 단독으로 상속하는 대신 다른 상속인들에게 차액을 현금으로 정산하는 방식으로 분할을 명하기도 한다.

이때 주의할 것은 분할대상 재산의 가치를 언제를 기준으로 평가하는가 하는 것이다. 기본적으로 상속에서 재산의 가치평가 기준시기는 상속개시 시점이다. 그런데 대상분할의 경우에는 분할시점을 기준으로 재평가한다.

(3) 경매에 의한 가액분할(경매분할)

상속재산을 매각하여 분할하는 것이 가장 적절한데 매각이 이루어지지 않을 경우 상속재산을 경매하여 경매비용을 뺀 금액을 상속분의 비율로 나누도록 명하는 방식이다.

사) 피인지자 등의 가액지급 청구

상속재산분할이 종료된 이후 뒤늦게 인지청구, 친생자관계존재확인의 소 등을 통해 자녀로 인정된 사람은 이전의 분할을 취소하라고 요구할 수는 없고 단지 자신의 상속분에 해당하는 가액의 지급을 청구할 수는 있다. (가액지급청구권)

가액지급청구권은 상속회복청구권의 일종으로 그 침해를 안 날로부터 3년이 경과하면 소멸한다. 혼인외의 자가 법원의 인지판결 확정 등으로 상속인이 된 때에는 판결이 확정된 날이 침해를 안 날이다.

이 기간은 제척기간이므로 중단 없이 진행된다.

아) 심판분할의 기준 – 구체적인 상속분

첫째, 피상속인으로부터 재산의 증여 또는 유증을 받은 특별수익자는 그 특별수익으로도 자기의 상속분에 부족한 한도 내에서만 상속분이 있다.

둘째, 피상속인의 재산의 유지·증가에 특별히 기여하거나 피상속인을 특별히 부양한 공동상속인은 그 기여분만큼 더 받을 수 있다.

법원에서는 상속개시 당시 남은 상속재산에 위에서 든 특별수익과 기여분을 모두 적용하여 그에 의하여 수정된 것을 상속분으로 한다.

이를 「구체적 상속분」이라고 한다. 몫이 정해지지 않은 재산을 구체적 상속분으로 나눈다는 말이다.

구체적 상속분의 산정은, 먼저 '간주상속재산'을 산정하고 여기에 상속인별로 법정상속분율을 곱하여 산출된 '법정상속분'을 구한 다음 거기에서 상속인별 특별수익을 빼고 기여분을 더하면 각 상속인별 '구체적 상속분(가액)'이 된다.

간주상속재산 = ⓐ 분할대상 상속재산 + ⓑ 특별수익

ⓐ 상속개시 당시 상속재산 - 모든 유증 - 기여분 - 제사용 재산 등

ⓑ 상속인이 받은 유증 + 상속인이 받은 증여 + 일부상속인이 받은 공제상품의
　급여금, 사망보험금, 유언대용신탁의 수익권 등

※ 상속개시 당시 상속재산에서 모든 유증을 빼면 남는 재산이 없는 경우에는 상속재산분할 심판청구 자체가 성립될 수 없고, 기여분이나 특별수익의 개념도 적용되지 않는다. 그러므로 위 산식에서 ⓐ가 0(영)이면 법원에서 분할하는 것은 불가능하다. 그러나 유류분제도가 적용될 여지는 있다.

상속인별 법정상속분 = 간주상속재산 × 법정상속분

상속인별 구체적 상속분(가액) =

　　　상속인별 법정상속분 - 상속인별 특별수익 + 상속인별 기여분

※ 위 상속인별 구체적 상속분(가액)을 상속인들 전체의 구체적 상속분(가액)의 합계액으로 나누면 상속인별 구체적 상속분 '비율'이 되는데 이는 지분분할 또는 대상분할을 할 때 사용된다.

　한편 위와 같이 구체적 상속분 가액을 계산한 결과 특별수익이 상속인별 법정상속분을 초과하는 초과특별수익자가 있는 경우, 초과특별수익자는 특별수익을 제외하고는 더 이상 상속받지 못한다.

　그리고 그 초과특별수익은 다른 공동상속인들이 각자 법정상속분율에 따라 안분하여 자신들의 구체적 상속분 가액에서 공제하는 방법으로 구체적 상속분 비율을 산출함이 바람직하다.

　결국 초과특별수익자의 그 초과된 부분은 나머지 상속인들의 부담으로 돌아가게 된다.

　이때 상속적극재산에서 금전채무부터 먼저 공제하고 간주상속재산을 구하게 되면 초과특별수익자는 채무를 전혀 부담하지 않게 되어 부당한 결과를 초래하므로 금전채무는 오로지 법정상속분에 따라 나눠야 한다.

　이 부분은 대단히 중요하다. 아래 예시 ⓒ를 참고하기 바란다.

자) 특별수익과 기여분 적용 예시

ⓐ 보통 사람들의 상속

서민이라고 생각하는 대부분의 사람은 자녀들에게 미리 줄 재산이 없었고, 채무는 다 갚았고, 기여분을 주장할 만큼 부모를 부양한 자녀도 없다.

이런 경우에는 법원으로 가도 법정상속분대로 나누라고 한다. 자녀들만 있다면 말 그대로 N분의 1이다. 특히 밀레니엄 세대 이후부터는 자녀들을 공평하게 대하는 경향이 있기 때문에 미래 상속에서는 이런 경우가 더 많아질 것 같다.

ⓑ 특별수익과 기여분 조정 예시

피상속인 K씨가 사망 당시 4,100원을 남겼다. 상속인으로 배우자와 아들 1명, 장녀, 차녀가 있다. 법원에서 배우자의 기여분을 1,350원으로 결정했는데 이미 상속인들에게 증여한 재산도 있었다. 그 내역은 다음과 같다.

> 상속인들에게 증여한 내역(특별수익) = 1,300원
>
> 아들: 20년 전 경영위기극복자금 200원 → 상속개시 당시 가치 800원
>
> 장녀: 12년 전 미장원 확장 자금 150원 → 상속개시 당시 가치 300원
>
> 차녀: 1년 전 형평성 차원에서 200원 → 상속개시 당시 가치 200원
>
>
> 간주상속재산 = 4,050원
>
> 남긴 재산 4,100원 + 자녀들의 특별수익 1,300원 - 기여분 1,350원
>
> 상속인별 법정상속분: 합계 9 (배우자, 자녀 3명)
>
> 배우자 = 4,050 × 3 ÷ 9 = 1,350원
>
> 자녀들 = 각 4,050 × 2 ÷ 9 = 각 900원

상속인별 구체적인 상속분

	법정상속분	특별수익(차감)	기여분(가산)	구체적인 상속분
배우자	1,350	0	+ 1,350	2,700
아들	900	− 800	0	100
장녀	900	− 300	0	600
차녀	900	− 200	0	700
합계	4,050	− 1,300	+ 1,350	4,100

ⓒ 초과특별수익자의 전략적 상속포기 예시

피상속인 P씨가 적극재산 600원과 금전채무 150원을 남기고 사망하였다. 상속인은 장남과 차남, 딸이 있다. 장남의 특별수익 가치는 400원이고 차남의 특별수익 가치는 200원이다.

이를 법대로 상속적극재산과 금전채무를 별도로 상속하는 경우와 채무부터 갚고 나머지를 분할하는 경우를 대비하여 설명한다.

① 법대로 분할하는 경우

간주상속재산 = 1,200원

남은 재산 600원 + 특별수익 600원 (장남 400, 차남 200) = 1,200원

상속인별 법정상속분 = 각 400원 (1,200원 ÷ 3)

구체적인 상속분 및 최종상속이익

	법정상속분	특별수익 차감	적극재산의 구체적인 상속분	금전채무 분담	최종상속이익
징남	400	− 400	0	− 50	350
차남	400	− 200	200	− 50	350
딸	400	0	400	− 50	350

② 금전채무부터 갚고 나머지를 분할하는 경우

간주상속재산 = 1,050원

　남은 재산 600원 + 특별수익 600원 - 금전채무 150원 = 1,050원

상속인별 법정상속분 = 각 350원 (1,050원 ÷ 3)

구체적인 상속분 및 최종상속이익

	법정상속분	특별수익 차감	적극재산의 구체적인 상속분	장남의 초과특별수익 안분	구체적인 상속분	최종상속이익
장남	350	- 400	- 50		0	400
차남	350	- 200	150	- 25	125	325
딸	350	0	350	- 25	325	325

원칙대로 적극재산과 채무를 나누어 분할을 한 ①의 경우에는 자녀들이 모두 공평하다. 반면 채무부터 갚고 분할을 한 ②의 경우 장남은 이득을 보고 다른 자녀들은 그만큼 손해를 본다.

이 경우 장남이 전략적으로 상속을 포기하는 경우를 보자.

간주상속재산 = 650원

　남은재산 600원 + 차남의 특별수익 200원 - 채무 150원

상속인별 법정상속분 = 각 325원 {650원 ÷ 2명(차남과 딸)}

	법정상속분	특별수익 차감	구체적인 상속분	총상속이익
장남	해당 없음	- 400	0	400
차남	325	- 200	125	325
딸	325	0	325	325

전략적으로 본다면, 장남의 입장, 즉 상속재산에서 더 받을 게 없는 초과특별수익자는 상속을 포기하는 것이 유리하다.

반면 이번에 어떻게든 많이 받아야 하는 상속인 입장에서는 초과특별수익자가 이런 규정을 모르고 3개월을 넘겨 법정단순승인이 되는 게 유리하다. 머리 싸움이 치열하다.

ⓓ 설계도 상속 예시

삶을 마무리하면서 우주선 설계하듯이 철저히 계산된 유증 등을 통해 분쟁이 생기지 않으면서도 피상속인의 의지를 최대한 관철하는 경우가 많아지고 있다.

A씨는 재혼하여 배우자가 있고 전 배우자와 사이에 낳은 아들 2명과 딸 3명이 있다.

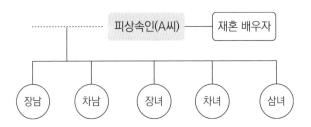

나중에 가족들 사이에 상속재산을 두고 다툼이 생길 것을 염려한 A씨가 전문가를 찾아 현재 재산내역과 이미 증여한 재산의 내역을 파악하여 분쟁이 생기는 것을 원천적으로 차단할 방안을 수립해 달라고 하여 실행하였다.

- 현재 보유재산 평가액 4,000원
- 증여재산   2년 전 장남 사업장구입자금 지원 500원 → 현재가치 600원
          8년 전 차남 주택구입자금 지원 200원 → 현재가치 300원
          6년 전 장녀 식당개업 자금지원 200원 → 현재가치 240원
          3년 전 삼녀 노래방 개업자금 지원 50원 → 현재가치 60원
- 희망사항   장남에게 준 만큼 다른 자녀들에게도 공평하게 주고 싶다.
          남은 재산은 배우자에게 유증하되 유류분 다툼이 없어야 한다.

전문가의 유증 제안
    배우자에게 2,200원, 차남에게 300원, 장녀에게 360원, 차녀에게 600원,
    삼녀에게 540원 (보유재산 4,000원 전액 유증)

상속인별 총상속이익
    배우자 = 2,200원(전액 유증)
    장남   = 600원(생전증여)
    차남   = 600원(생전증여 300원 + 유증 300원)
    장녀   = 600원(생전증여 240원 + 유증 360원)
    차녀   = 600원(유증 600원)
    삼녀   = 600원(생전증여 60원 + 유증 540원)

남은 재산 4,000원을 전부 유증했기 때문에 분할심판의 대상이 될 수 없고 따라서 기여분 주장도 할 수 없다. 아래 산식에서 보는 바와 같이 유류분을 침해하지도 않으므로 분쟁이 생길 여지가 없다.

간주상속재산 = 5,200원
    분할대상 상속재산 4,000원+장남의 특별수익 600원+차남의 특별수익 300원
    장녀의 특별수익 240원+삼녀의 특별수익 60원

상속인별 법정상속분: 합계 13 (배우자, 자녀 5명)
    배우자 5,200원 × 3 ÷ 13 = 1,200원
    장남 등 자녀들 각 5,200원 × 2 ÷ 13 = 800원

상속인별 유류분

　배우자　법정상속분 1,200원 ÷ 2 = 600원

　각 자녀들　각 법정상속분 800원 ÷ 2 = 각 400원

유류분 부족액 여부 ⇒ 유류분 부족액 없음

　배우자　유류분 600원 - 총상속이익 2,200원 = 1,600원 초과

　자녀들　각 유류분 400원 - 각 총상속이익 600원 = 각 200원 초과

ⓔ 고난도 사례 예시 - 2단계 초과특별수익자 처리

피상속인 B씨의 상속인은 배우자와 아들 1명, 딸 3명이 있다. 사망하면서 남긴 재산은 2,000원이다. 사망보험금 700원의 수익자는 배우자로 지정되어 있다.

B씨가 20년 전부터 아들에게 여러 번 나눠 증여한 재산의 상속개시 당시 평가 가치는 3,000원이고, 최근 사업이 어려워진 막내딸에게 900원을 증여하였다.

　간주상속재산 = 6,600

　　남긴 재산 2,000 + 아들의 특별수익 3,000 + 막내 특별수익 900 + 배우자

　　가 수령한 사망보험금 700

　상속인별 법정상속분: 합계 11 (배우자, 자녀 4명)

　　배우자 = 6,600 × 3 ÷ 11 = 1,800

　　자녀들 = 각 6,600 × 2 ÷ 11 = 각 1,200

1차 구체적인 상속분

	법정상속분	특별수익 차감	1차 구체적인 상속분
배우자	1,800	− 700	1,100
아들	1,200	− 3,000	△ **1,800**
장녀	1,200	0	1,200
차녀	1,200	0	1,200
막내	1,200	− 900	300

1차 초과특별수익 1,800원 안분 공제/법정상속분 합계 = 9 (아들 제외)

배우자 = 1,800 × 3 ÷ 9 = 600

딸 3명 = 각 1,800 × 2 ÷ 9 = 각 400

2차 구체적인 상속분

	1차 구체적인 상속분	1차 초과특별수익 안분 공제	2차 구체적인 상속분
배우자	1,100	− 600	500
장녀	1,200	− 400	800
차녀	1,200	− 400	800
막내	300	− 400	△ **100**

2차 초과특별수익 100원 안분 공제/법정상속분 합계 = 7 (아들, 막내 제외)

배우자 = 100 × 3 ÷ 9 = 43

딸 2명 = 각 100 × 2 ÷ 9 = 각 28.5

최종 구체적인 상속분

	2차 구체적인 상속분	2차 초과특별수익 안분 공제	최종 구체적인 상속분	구체적인 상속분 비율
배우자	500	− 43	457	23%
장녀	800	− 28.5	771.5	38.5%
차녀	800	− 28.5	771.5	38.5%
합 계			합계 2,000	100.00%

상속인별 총상속이익

	최종 구체적인 상속분	특별수익	총상속이익
배우자	457	700	1,157
아들	0	3,000	3,000
장녀	771.5	0	771.5
차녀	771.5	0	771.5
막내	0	900	900
합 계	2,000	4,600	6,600

8장

유류분

8장 유류분

가. 유류분은 계륵인가?

유류분이란 피상속인의 증여나 유증이 있더라도 피상속인의 재산 중 법정비율만큼 상속인에게 유보되도록 하는 최소한의 몫을 말한다.

유류분제도의 취지는 피상속인의 재산처분의 자유와 유언의 자유를 보장하면서도 피상속인의 재산처분 행위로부터 유족의 생존권을 보호하고 법정상속분의 일정 비율에 해당하는 부분을 유류분으로 산정하여 상속인의 상속재산 형성에 대한 기여와 상속재산에 대한 기대를 보장하는 데 있다.

말하자면, 전 재산을 장남이나 내연관계에 있는 사람에게 줘버리는 경우 배우자와 자녀들의 생존권이 위협받을 수도 있고, 상속재산을 형성하는 데에 가족들이 함께 노력하였으므로 최소한의 재산은 나눠줘야 한다는 것이다.

그러나 이런 취지에도 불구하고 유류분제도는 피상속인의 재산처분의 자유를 제한하기 때문에 '내 재산인데 왜 내 맘대로 못 하게 하느냐? 당장 폐지하라'는 비판이 제기되고 있다.

그러나 헌법재판소와 대법원이 이구동성으로 합헌이라고 선언하고 있고, 모든 재산을 장남에게 주는 사람이 여전하며, 오랫동안 부양해 준 가족들을 버리고 황혼 애인 또는 간병인에게 모든 재산을 주는 경우도 점점 늘어나고 있다.

더구나 고령화가 앞선 미국 등에서도 간병인에게 일정금액 이상을 증여하는 경우 이를 무효로 하는 법률이 있다는 점에서 시사하는 바가 크다. 그러므로 피상속인의 자유를 무제한 허용하는 것도 문제는 있다고 본다. 유류분제도가 폐지될 가능성은 그리 높지 않아 보인다.

나. 유류분의 권리자와 유류분 – 한정승인을 해도 유류분권이 있다.

1) 유류분의 권리자와 유류분

상속인의 유류분은, 피상속인의 배우자와 직계비속은 법정상속분의 2분의 1, 직계존속은 법정상속분의 3분의 1이다. 형제자매의 유류분은 2024년 4월 25일 폐지되었다.

유류분권은 상속권에 따르므로 최우선순위 상속인에 해당되어야 유류분의 권리자가 될 수 있다.

2) 아무나 유류분의 권리자가 되지는 않는다.

가) 상속포기자/생전 상속포기 각서 무효

상속이 개시된 후 적법한 절차에 따라 상속을 포기하면 상속권이 없고 따라서 유류분권도 없다. 그러나 피상속인이 사망하기 전에 아들이 상속을 포기한다는 각서를 썼더라도 그것은 효력이 없다. 따라서 상속이 개시된 후 상속권을 주장할 수 있고 유류분반환 청구권도 행사할 수 있다. 이런 경우가 더러 있다.

나) 유류분포기자/생전 유류분포기 약정 무효

유류분포기라는 단어를 사용하는 경우가 있는데, 유류분포기라는 법규도 없고, 포기하는 절차도 없고, 효력에 관한 규정도 없다.

왜냐하면 유류분권은 유류분 부족액에 대한 반환 청구권이기 때문이다. 청구권이라는 것은 행사하지 않으면 포기하는 것이므로 따로 포기하는 절차가 필요하지 않다.

유류분 권리자가 상속개시 후 유류분반환 청구권을 행사하지 않겠다는 의사를 표시했다면 그것이 유류분 포기에 해당하고 이는 유류분반환 의무자에 대하여 부제소 합의를 한 것과 같다고 보아야 할 것이다.

유류분반환 청구권은 개별적인 권리다.

예를 들면, 유류분 부족액이 100원이고 증여로 인한 반환의무자 Ⓐ가 80원을, 반환의무자 Ⓑ가 50원을 반환해야 하는 경우 유류분 권리자가 Ⓐ에 대해서만 80원의 반환을 청구하고 Ⓑ에 대해서는 청구를 포기할 수도 있다. 개별적으로 행사할 수 있다는 말이다.

따라서 일부 유류분 권리자가 "나는 너에 대한 유류분반환 청구권을 포기한다."라고 선언하더라도 다른 상속인의 유류분반환 의무에 영향이 없고 같은 이치로 다른 유류분 권리자의 유류분이 늘어나는 것도 아니다.

또한 상속개시 전에 한 유류분포기 약정은 효력이 없다. 유명한 사례가 있다. 기업 회장이던 B씨는 60세를 전후하여 사업체를 장남에게 승계(증여)하였다.

그 후 73세 때 50대 여성과 재혼하면서 남은 재산 전부를 후처에게 유증하는 공정증서 유언을 하고 동시에 후처로부터 유류분권을 포기한다는 각서를 받아 공증하였다.

그런데 마상 B회장이 사망하자 후처가 장남을 상대로 유류분반환 청구를 했고 무려 1백억 원을 받았다. 상속이 개시되기 전에 한 유류분포기 약정은 무효이기 때문이다. 후처가 B회장보다 상속법을 더 잘 알고 있었던 것이다.

다) 상속결격자/유류분권리는 대습된다.

상속결격자는 상속권이 없으므로 유류분권도 없다. 다만 결격자에게 배우자 또는 직계비속이 있으면 그들이 결격자를 대신하여 상속분도 받고 유류분권을 대습하여 유류분반환 청구권도 행사할 수 있다.

라) 유류분 상실 - 피상속인이 유류분을 침해하지 않으면 아무 소용이 없다.

※ 2024년 현재 신설될 예정이며 변경될 수 있음

상속결격 또는 상속권 상실 사유에는 해당하지 않지만 피상속인을 학대하거나 장기간 유기하는 등의 경우 법원이 유류분 권리를 상실시키는 제도이다. 사유의 강도는 상속결격 〉 상속권 상실 〉 유류분 상실의 순으로 유류분 상실 사유가 가장 약하다.

(1) 유류분 상실 사유(안)

ⓐ 피상속인 또는 그 배우자를 정신적·신체적으로 학대하거나 피상속인 또는 그 배우자를 장기간 유기하거나 그 밖에 심히 부당하게 대우한 경우

ⓑ 배우자로서 부부간의 부양의무를 중대하게 위반한 경우

ⓒ 부모에 대한 부양의무 등 친족간 부양의무를 중대하게 위반한 경우

(2) 절차

유류분은 청구권이다. 그러므로 유류분 권리자가 반환을 청구하면 그때 반환청구를 당한 사람, 즉 유류분을 침해한 사람이 반환청구를 한 사람에게 유류분 상실의 사유가 있음을 이유로 법원에 유류분 상실을 청구하는 것이다.

따라서 유류분반환 청구권을 행사하지 않으면 유류분 상실은 의미가 없다.

유류분을 침해한 사람이 먼저 나설 이유가 전혀 없다. 상속결격 또는 상속권 상실과 완전히 다르다.

상속결격 또는 상속권 상실은 상속과 동시에 이미 그 상속인에게 자동적으로 발생되어 있는 권리를 박탈하는 것이므로, 그 상속인이 상속권을 주장하지 않아도 선제적으로 상속결격 또는 상속권 상실을 청구할 필요가 있는 것이다.

(3) 피상속인이 유류분을 침해하지 않으면 아무 소용이 없다.

피상속인이 자신의 재산을 증여하거나 유증하여 해당 상속인의 유류분을 침해하지 않으면 유류분 상실은 의미가 없다. 가만히 있으면 유류분을 상실해야 할 사람도 유류분보다 더 많은 재산을 받는다. 유류분에 부족이 생기지 않는다.

따라서 상속인 중에 '유류분을 상실할 사유가 있는 사람'이 있으면 피상속인이 증여나 유증 등으로 그 상속인을 제외한 다른 사람에게 재산을 주어야 한다. 그런 사전 조치가 없으면 유류분 상실 제도는 아무 의미가 없다.

예를 들어, 법률상 배우자가 있음에도 부양하지 않고 내연관계를 맺은 사람과 오랜 기간 동거한 생존배우자가 있는데, 사망한 배우자가 아무런 유언을 하지 않았으면 생존한 배우자는 유류분 상실의 사유가 있음에도 아무런 제한 없이 법정상속분을 고스란히 받는다.

누구에게도 유류분을 청구할 이유가 없다. 따라서 누구에게서도 유류분 상실 청구를 당할 이유가 없다. 그래서 유언이 중요하다는 것이다.

독신 성직자의 경우도 마찬가지다. 배우자도 없고 자녀도 없고 부모들은 이미 사망하였는데 재산의 처리에 대해 유언을 해놓지 않으면 형제자매 또는 4촌 이내 혈족들이 그의 재산을 상속한다.

형제자매가 먼저 사망했더라도 심지어 대습상속까지 된다. 형제자매의 상속권은 폐지되지 않았다.

반면 유언으로 재산을 소속 종교단체 또는 제3자에게 유증하면 그의 유지가 100% 이행될 수 있다. 유언은 돈 안 드는 보험이고, 보험료 없는 보험이다.

마) 대습상속인, 태아도 유류분권이 있다.

부모가 조부모보다 먼저 사망하여 부모 대신 조부모의 재산을 손자녀가 대습 상속하는 경우 원래 부모가 가질 수 있었던 유류분권은 손자녀에게 승계된다.

또한 상속개시 당시 태아였더라도 그 후 출생하면 상속개시 당시로 소급하여 상속인이 되고 그에 따라 유류분 권리자가 된다.

유류분권을 가진 상태에서 그 권리를 행사하지 못하고 사망하는 사람도 있 다. 그때는 그 사람의 상속인이 유류분권을 승계하여 행사할 수 있다.

피상속인이 사망한 후에 인지, 친생자관계존재확인의 소 등을 통해 상속인이 된 사람도 소급하여 상속권이 있고 따라서 유류분권도 있다.

바) 한정상속인도 유류분권이 있다.

한정상속인도 유류분권이 있다. 이는 대단히 중요한 부분이다.

피상속인이 적극재산 1,000원과 채무 2,000원을 남기고 사망했는데 상속인 은 배우자와 자녀 2명이었다. 이에 자녀들은 상속을 포기하고 배우자만 한정승 인 신고를 하여 배우자 단독상속으로 정리하였다.

이 경우 배우자는 상속적극재산 1,000원을 한도로 상속채무를 갚으면 되고 그 이상은 책임지지 않는다.

그런데 보험회사에 갔더니 피상속인이 가입한 보험계약에서 10,000원이 사 망보험금으로 지급되었는데 사망하기 8개월 전에 사망보험금 수익자를 애인으로 변경하여 그 애인이 사망보험금을 받아 간 사실을 알게 되었다.

이 경우 상속개시 전 1년 간에 보험금 수익자를 변경(지정)하였으므로 유류분 반환 대상이다. 배우자는 남편의 애인을 상대로 유류분반환을 청구할 수 있다.

[유류분 부족액 산정]

유류분 산정 기초재산 = 9,000원

상속적극재산 1,000원 + 증여재산(보험금) 10,000원 - 상속채무 2,000원

법정상속분 = 9,000원 (배우자 단독상속)

유류분액 = 법정상속분 9,000원 × 유류분 $\frac{1}{2}$ = 4,500원

유류분 부족액 = 4,500원

한정상속의 경우 순상속액이 0(영)이므로 유류분액이 곧 유류분 부족액임

배우자가 4,500원의 반환을 청구하면 받을 수 있다. 그렇지만 반환받은 돈으로 피상속인의 채무를 갚을 의무는 없다.

유류분반환 청구권을 행사하여 반환받은 재산은 원래부터 상속재산이 아니고 보험금수익자의 고유재산이다. 따라서 이를 반환받은 것은 상속재산이 아니다.

사) 분할협의를 한 것이 유류분을 포기한 것인가?

상속재산분할협의서에 날인하면 유류분을 포기한 것으로 되고 나중에 유류분반환청구권을 행사할 수 없다고 말하는 사람도 있다. 그러나 반드시 그런 것은 아니다.

상속재산분할협의 당시 여러 사정을 고려해야 한다. 예를 들어 상속개시 당시 남긴 재산이 상속재산의 전부이고 증여나 유증 등 유류분산정 대상에 포함될 다른 재산이 없는 상태에서, 자신의 유류분이 침해되는 분할협의서에 날인을

했다면 이는 유류분권을 포기한 것으로 봐도 할 말이 없을 것 같다.

그러나 아파트 소유권이전을 위해 등기소에 제출하기 위해 그 아파트에 대해서만 분할협의서를 작성한 경우나, 상속개시 당시 몫이 정해지지 않은 재산의 처리를 위해 분할협의를 했을 뿐 증여재산이나 유증한 재산에 대해서는 언급하지 않은 분할협의라면 유류분까지 포기했다고 단정하는 것은 무리라고 본다.

상속은 받되 그 상속분이 유류분에 미치지 못하더라도 반환청구권을 행사하지 않는 상속인이 더 많다. 그렇다고 그들이 유류분권을 포기한 것은 아니다.

아) 채권자가 대신 유류분반환청구를 할 수는 없다.

이 부분은 일반인들에게는 어려운 부분이다. 유류분권을 가진 사람이 '자신의 채무'를 갚지 못할 때 그의 채권자 입장에서는 빨리 유류분반환 청구권을 행사하여 반환받은 돈으로 채무를 갚으라고 요구한다.

그럼에도 유류분 권리자가 그 권리를 행사하지 않으면 그의 채권자가 대신 유류분반환 청구권을 행사할 수 있는지에 관한 것이다. 대법원은 안 된다는 입장이다. 다만, 유류분 권리자가 이미 행사해 놓은 유류분반환 청구권을 양도받는 것은 가능하다고 본다.

다. 유류분이 아니라 유류분 부족액이 중요하다.

유류분반환 청구권은 유류분에 부족이 생기는 경우 그 부족한 한도에서 반환을 청구하는 것이다. 유류분이 중요한 것이 아니라 유류분 부족액이 중요하다.

유류분이 있더라도 부족액이 없으면 아무 의미가 없다. 그래서 유류분 부족액 산정 방식을 이해하는 것이 무엇보다 중요하다.

유류분 부족액 = 유류분산정의 기초재산액(A) × 유류분 비율(B) − 특별수익액(C) − 순상속액(D)
A = 유류분산정의 기초재산액 = ① 상속개시 당시 적극재산액(유증재산액 제외) + ② 유증재산액 등 + ③ 증여재산액 − ④ 상속채무액
B = 당해 유류분권리자의 유류분 비율 배우자와 직계비속은 법정상속분의 2분의 1, 직계존속은 법정상속분의 3분의 1
C = 당해 유류분권리자의 특별수익액
D = 순상속액 <⑤ 위 ①에서 받은 당해 유류분권리자의 구체적인 상속분액 − ⑥ 당해 유류분권리자의 상속채무 분담액>

※ 유류분산정의 기초재산(A)은 '유류분산정 대상 재산'과 같은 말이다.

유류분 부족액은 각 유류분 권리자별로 따로 계산한다.

1) 유류분 부족액 산정방식 설명

가) ① 상속개시 당시 상속적극재산액

상속개시 당시 몫이 정해지지 않은 적극재산을 말한다. 그러니까 적극재산에서 유증의 가액을 공제한 액을 말한다.

제사용 재산과 부의금은 유류분 산정 대상 재산이 아니다.

유족연금이 유류분 산정 대상인지 아직 확립된 판례는 없지만 일시금 가치로 환산하기 어려워 유류분 부족액을 산성하기 어렵고 그에 따라 유류분 산정의 대상이 되지 못한다고 생각한다.

쟁점이 되고 있는 기여분은 설명에서 아예 배제하였다. 이 부분에 관하여 뒤에 나오는 '기여분과 유류분 그리고 헌재의 오판'에서 상세하게 설명하였다.

① 항목에 유증재산을 합산하는 사람도 있고 따로 분리하는 사람도 있는데 저자는 분리하는 방식을 택하였다.

그 이유는 ⑤ 항목의 구체적인 상속분을 계산할 때 유증재산은 제외되므로 계산의 통일성을 위한 것이다. 합산 방식은 ⑤ 항목을 설명하는 데 중언부언이 필요해서 불편하다.

나) ② 유증한 재산, 사인증여한 재산 등

모든 유증재산은 유류분 산정 대상이다. 포괄유증이든, 특정유증이든, 수유자가 개인이든, 법인이든, 공익단체든, 정부든 모두 유류분 산정의 기초재산이 된다. 사인증여한 재산도 유증재산과 마찬가지다.

부담부 유증 또는 부담부 사인증여의 경우에는 부담을 빼고 순자산 기준으로 산입한다.

유언으로 신탁을 할 수도 있고 재단법인을 설립하라는 유언을 할 수도 있는데 그 재산도 예외 없이 유류분 산정의 대상이 된다. 사망퇴직금 등을 받은 것도 유류분 산정의 기초재산에 포함된다고 본다.

다) ③ 증여재산액 – 유류분권리자에게 손해를 가할 것을 알고 행한 것인지

유류분 부족액을 산정할 때 증여란 민법상의 증여에 국한하지 않고 공유지분 포기, 채무면제, 인적·물적 담보제공 등 실질적으로 재산의 무상이전으로 볼 수 있으면 산입대상이 될 수 있다. 단, 1979.01.01. 이후의 것만 대상이다.

(1) 공동상속인의 수증재산

공동상속인의 특별수익에 해당하는 모든 수증재산은 여기에 산입된다. 유류분산정의 기초재산에 포함되는 증여에 해당하는지 판단할 때에는 피상속인의 재산처분 행위의 법적성질을 형식적으로 파악하는 데 그쳐서는 안 되고, 재산처분 행위가 실질적인 관점에서 피상속인의 재산을 감소시키는 무상처분에 해당하는지 여부에 따라 판단해야 한다.

다만, 채무를 포함하는 증여의 경우 그 채무액을 뺀 것을 기준으로 수증재산을 정하며, 그 증여에 기여에 대한 보상의 의미가 포함되어 있다면 그러한 한도 내에서 유류분 산정 대상에서 제외할 수도 있다.

피대습인이나 대습상속인이 피상속인에 대한 상속인의 지위에 있으면서 피상속인으로부터 증여받은 재산은 유류분 산정 대상에 포함한다.

그러나 상속인의 지위에 있지 않은 상태에서 증여받은 재산은 상속인이 아닌 자로서 증여받은 것이므로 특별수익에는 해당하지 않지만 바로 이어지는 ⓑ 상속인이 아닌 자의 수증재산에 해당하므로 경우에 따라서는 산입될 수 있다.

뒤에 설명한 바와 같이 수증재산은 상속개시 시점의 가치를 적용한다. 이렇다 보니 피상속인이 계산까지 마치고 공평하게 재산을 나눠준다고 증여했는데 일부 부동산의 시세가 폭등하여 유류분을 침해함으로써 분쟁이 생기도 경우도 있다.

(2) 상속인이 아닌 자의 수증재산

상속인이 아닌 자에게 상속개시 전 1년간에 행한 증여는 모두 포함하고 상속개시 1년 이전에 증여한 것은 당사자 쌍방이 유류분권리자에게 손해를 가할 것을 알고 행한 것만 유류분 산정의 대상이 된다.

어떤 증여가 유류분권리자에게 손해를 가할 것을 알고 행해진 것이라고 보기 위해서는, 증여의 당사자 쌍방이 증여재산의 가액이 유류분권리자가 되리라고 예상할 수 있는 상속인의 유류분을 초과한다는 점을 알았던 사정뿐만 아니라, 장래 상속개시일에 이르기까지 피상속인의 재산이 증가하지 않으리라는 점을 예견하고 증여를 행한 사정이 인정되어야 한다.

그리고 당사자 쌍방의 가해의 인식은 증여 당시를 기준으로 판단해야 하는데, 그에 대한 증명책임은 유류분반환 청구권을 행사하는 상속인에게 있다.

또한 당사자 쌍방이 유류분 권리자에게 손해를 가할 것을 알고 행한 것인지 여부는 증여한 건별로 판단한다. 증명하는 것도 건별로 해야 한다.

증여계약은 상속개시 3년 전에 하고 증여이행은 상속개시 전 1년간에 했다면 산입대상이 된다는 취지의 대법원 판결이 있다.

여기서 중요한 것은 상속을 포기한 상속인이, 상속인이 아닌 자에 포함된다는 점이다. 그래서 여러 번 증여를 많이 받은 상속인이 전략적으로 상속을 포기해 버리면 증여받은 시점에 따라 유류분 산정의 대상에서 제외될 수도 있고 다른 상속인들이 '당사자 쌍방이 유류분권리자에게 손해를 가할 것을 알고 행한 것'이라는 점을 입증하기 어려우므로 유류분반환 의무에서 빠져나갈 수도 있다.

자녀가 상속인인데 피상속인이 그 자녀의 자녀(피상속인의 손자녀)에게 증여한 재산은 원래 특별수익이 아니다. 그러나 제3자에 대한 증여로서 증여의 시기 또는 유류분권리자에게 손해를 가할 것을 알고 행한 것인지 여부에 따라 유류분 산정의 대상이 될 수도 있다.

※ 주의! 피상속인과 이혼하여 남이 된 사람이 있다. 그가 피상속인과 이혼하면서 분할받은 재산은 유류분반환의 대상이 아니다. 상속분의 선급도 아니고 증여받은 것도 아니기 때문이다. 앞에 이혼테크에서 설명한 바 있다.

피상속인으로부터 증여를 받을 당시에는 사실혼관계에 있어 제3자의 위치였는데 상속이 개시되기 전에 혼인신고를 하여 배우자로서 상속인이 된 경우, 상속인이 아닌 상태에서 받은 증여를 특별수익으로 보아 유류분반환의 대상으로 해야 하는지에 대하여 법원마다 의견이 다르다. 저자의 생각으로는, 상속인의 위치가 아닌 상태에서 받은 것은 제3자에 대한 증여의 판단기준에 따르고 상속인이 된 후 받은 것은 특별수익으로 보아 조건 없이 산입하는 것이 합리적이라고 본다.

(3) 사망보험금 등

사망보험금청구권, 신용협동기구 공제상품의 급여금도 유류분반환 대상이다. 위 상품들은 그 수익자를 마지막으로 지정·변경한 날에 수익자 등에게 증여한 것으로 보기 때문에 수익자가 누구인지에 따라 유류분 산정 대상인지 여부가 갈린다.

ⓐ 상속인이 수익자인 경우

기간의 제한 없이 유류분 산정 대상 재산에 산입된다.

※ 주의! 사망보험금 등의 경우 특별수익을 고려한 구체적인 상속분 산정에서는 수익자(또는 수령인)가 특정(일부)상속인인 경우에만 고려해도 무방하지만, 유류분 부족액을 산정할 때는 수익자가 공동(법정)상속인으로 되어 있든, 특정(일부)상속인으로 되어 있든 모두 산입해야 한다. 이 부분은 특별수익과 유류분의 중요한 차이점이므로 기억할 필요가 있다.

ⓑ **수익자가 상속인이 아닌 경우**

상속개시 전 1년간에 수익자를 지정한 것은 산입하고, 상속개시 1년 이전에 수익자를 지정한 것은 수익자 지정·변경 당시 당사자 쌍방이 유류분 권리자에게 손해를 가할 것을 알고 지정·변경한 경우에만 산입된다.

한편 유언대용신탁의 경우, 저자는 이를 보험계약과 동일한 구조로 판단하여 수익자를 지정·변경한 날에 수익자에게 증여한 것으로 보고 증여받은 사람이 상속인인지 아닌지에 따라 유류분반환 대상 여부가 결정된다고 보고 있다.

그런데 법원은 이를 사인증여로 보고 무조건 유류분반환의 대상이라고 한다. (서울중앙지법 2022가합547069 판결)

(4) 상속재산분할협의를 한 것도 유류분 산정의 대상이 될 수 있다.

남편 사망 후 아내와 자녀들이 상속한 부동산에 대하여 법정상속분에 따라 소유권이전등기를 해 놓았다가 중간에 정식으로 상속재산분할협의를 하면서 아내의 지분을 장남에게 무상으로 양도하는 경우가 있다.

이 경우 아내가 양도한 지분은 아내가 장남에게 증여한 재산이 되고 따라서 나중에 아내가 사망하여 상속재산분할을 하게 되면 장남의 특별수익이 되고 당연히 유류분산정의 기초재산에 산입된다.

라) ④ 상속채무액

상속채무는 유류분을 산정할 때 빼는 항목이다. 금전채무를 포함하여 사법상의 채무와 세금, 벌금 등 공법상의 채무를 모두 포함한다. 피상속인이 사망 당시 부담하고 있던 채무에 한정된다.

주택연금의 경우 주택을 처분하여 연금대출을 상환하기 때문에 채무로 공제할 필요가 없다. 다만, 배우자가 승계하는 경우에는 주택의 시세에서 연금대출

일시상환 예상액을 공제한 순재산액을 ② 항목 유증한 재산에 산입한다.

공제되어야 할 상속채무란 상속개시 당시 피상속인의 채무를 가리키는 것이고, 상속세, 상속재산 관리비용, 보존을 위한 소송비용 등 상속재산에 관한 비용은 포함되지 아니한다. (대법원 2012다21720 판결)

다시 말하면 '피상속인의 채무'만 공제하는 것이고 '비용'은 공제하지 않는다는 점이다. 주의할 필요가 있다.

마) C = 당해 유류분 권리자의 특별수익액

당해 유류분권리자가 피상속인으로부터 증여받은 것과 유증받은 것, 사인증여 받은 재산액, 사망보험금 수령액, 공제급여금 수령액 등 특별수익에 해당하는 것은 기간의 제한 없이 모두 뺀다. 1979.01.01. 이전에 받은 것도 포함된다.

이 부분을 생각하지 않고 유류분소송을 걸었다가 오히려 자신의 특별수익이 많아 상대방에게 돈을 물어주는 경우도 있다.

바) ⑤ 상속개시 당시 적극재산에 대한 당해 유류분권리자의 구체적인 상속분

위 산식 ① 항목에 해당하는 재산, 즉 상속개시 당시 적극재산(몫이 정해지지 않은 재산) 중에서 당해 유류분 권리자가 상속한 구체적인 상속분액이다.

이 항목에 대하여 법정상속분을 적용한다는 주장도 있으나 대법원은 확고하게 특별수익을 고려한 구체적인 상속분을 적용하라고 판시하고 있다. (대법원 2020다247428 판결)

구체적인 상속분에 관해서는 특별수익 편을 참고하기 바란다.

사) ⑥ 당해 유류분권리자의 상속채무 분담액

금전채무와 같은 가분채무는 구체적인 상속분을 적용하지 않는다. 무조건 법정상속분에 따라 상속인들에게 귀속된다. 따라서 당해 유류분 권리자의 상속채무 분담액(⑥)을 ⑤에서 차감해야 순상속액(D)이 구해진다.

그런데 ⑥ 항목은 채무다. 마이너스 항목이다. 그리고 마이너스 항목인 D항목(순상속액)을 구성한다. 마이너스에 마이너스를 하면 플러스다.

결국 상속채무 분담액을 반영한다는 뜻은, 그만큼 유류분 부족액을 늘린다는 뜻이고 이는 유류분 권리자의 손해를 방지하는 효과로 나타난다.

그러나 유류분 권리자가 한정승인을 한 경우 ⑤ 항목과 ⑥ 항목을 적용한 순상속액(D)은 없는 것으로 처리한다.

왜냐하면 한정승인자는 상속으로 인하여 취득할 재산을 한도로 상속채무를 갚게 되므로 남은 재산도 없고 추가로 갚을 채무도 없으니 결과적으로 순상속액(D)이 없다.

아) 유류분 부족액 계산 예시

피상속인에게는 장남, 차남, 딸이 있다. 사망 당시 남긴 재산은 16,000원이다.

사망하기 7개월 전에 애인에게 60,000원을 증여하였고 장남에게 14,000원을 증여 하였다. 이 경우 유류분 부족액과 반환청구 대상은 아래와 같다.

- 유류분액
  (16,000 + 14,000 + 60,000) = 90,000 ÷ 3 ÷ 2 = 15,000

- 순상속액(구체적인 상속분)

  간주상속재산 14,000 + 16,000 = 30,000

  법정상속분 30,000 ÷ 3 = 10,000

 장남 10,000 - 14,000 = △4,000

 차남 10,000 -　0 = 10,000 - 장남의 초과분에 대한 분담 - 2,000 = 8,000

 딸　10,000 -　0 = 10,000 - 장남의 초과분에 대한 분담 - 2,000 = 8,000

- 유류분 부족액

	유류분액	특별수익	순상속액	유류분 부족액
장남	15,000	- 14,000	0	1,000
차남	15,000	0	- 8,000	7,000
딸	15,000	0	- 8,000	7,000

- 유류분 반환청구

  피상속인의 애인을 상대로 장남은 1,000원, 차남과 딸은 각 7,000원의 반환을
  청구할 수 있다. (애인은 총 15,000원을 반환하고 45,000원을 가지게 된다)

2) 벌써 다 써버리고 남은 게 없어도 반환해야 한다.

유류분 부족액을 산정할 때 유류분 산정의 기초재산, 특별수익, 순상속액 등
모든 항목의 재산평가 기준 시점은 상속개시 당시로 한다. 부동산 등의 재산도
상속개시 당시 시가로 한다. (헌재 2007헌바144 결정) 재산평가 가액에 불만이 있
으면 감정인의 평가 결과에 따르면 된다.

금전증여와 사망보험금 등은 아래 산식을 사용한다.

- 금전증여

  증여가액 × 상속개시 당시 GDP 디플레이터 ÷ 증여 당시 GDP 디플레이터

- 사망보험금

  총사망보험금 × 피상속인이 납입한 보험료 ÷ 총납입보험료

벌써 다 써버리고 없어도 반환해야 한다. 반환하지 않으면 강제집행도 된다.

특수한 경우가 있다. 원래 유류분을 반환할 때는 받은 물건을 그대로 반환하는 것이 원칙이지만 부득이한 경우 돈으로 반환하는 경우도 있는데 재판이 오래 걸리기 때문에 가치의 변동이 있을 수 있다. 이럴 때는 가치평가의 기준시점을 사실심 변론종결 시점으로 변경하여 적용한다.

유증을 받는 사람은 상속이 개시된 때 받기 때문에 재산평가 기준에 불만이 없다. 그런데 오래 전에 증여를 받은 재산이 유류분 반환의 대상이 된 사람들은 재산평가 기준에 강한 반감을 보인다.

그러나 가치의 평가는 시점이 동일해야 공평하고 증여받은 재산의 가치변동을 그대로 반영하기 때문에 수증자에게 실질적인 손해는 없다.

부담부 유증, 즉 담보된 채무 또는 보증금 등이 있는 부동산을 부담부로 유증받은 경우에는 그 부동산의 시가에서 부담을 공제한 순자산 가액을 적용한다.

반면, 상속이 개시되기 전에 부담부 증여를 받은 경우에는 그 후 채무상환 등으로 부담이 변동되었더라도 증여 당시 부담액을 GDP 디플레이터를 사용하여 상속개시 당시로 환산한 금액을 해당 물건의 시가에서 차감한 순자산 가액을 적용한다. 그래야 수증자가 손해를 보지 않는다.

증여받은 재산을 상속이 개시되기 전에 매각할 수도 있고 수용되어 보상금을 받는 경우도 있을 것이고, 증여받은 사람이 자기 돈을 들여 개량하는 등으로

가치를 상승시킨 경우도 있을 것이다.

천재지변 등으로 멸실되거나 훼손되어 가치가 감소하거나 아예 가치가 없는 경우도 있을 것이다. 드물지만 멸실이나 훼손 등에 대한 보험금 내지 손해배상금을 받은 경우도 있을 것이다. 사연도 많고, 탈도 많고, 변동도 심하다.

상속개시 당시로 환산하는 데에 고려할 요소가 너무나 많다. 가족 사이의 공평도 고려해야 한다. 이 모든 사정을 참작하여 법관이 결정한다. 법관도 사람이다. 그러니 법관을 잘 설득하는 것이 무엇보다 중요하다.

라. 유류분반환 청구권의 행사

1) 반환청구권의 행사방법 - 말로 해도 된다.

반환청구권을 행사하는 방법에는 제한이 없다. 유류분을 침해한 사람을 상대로 해당 증여행위, 유증행위 등을 지정하여 반환청구의 의사를 표시하면 된다. 그 반환대상 목적물까지 반드시 특정해야 하는 것도 아니다.

의사표시는 말로 해도 되고, 전화로 해도 되고, 문자메시지로 해도 되고, 우편으로 해도 되고, 바로 법원에 소송을 제기해도 된다.

소멸시효가 임박한 때는 우선 문자메시지 또는 전화 등으로 의사를 표시한 다음 법원에 소송을 제기해도 된다는 뜻이다. 다만, 의사를 표시한 문자메시지 등 증거를 보존해 놓을 필요는 있다.

2) 상대방이 여러 명인 경우 - 선택할 수 있다.

반환청구권을 가진 사람도 여러 명이고 그 상대방도 여러 명인 경우도 있고 반환청구권자는 한 사람인데 상대방, 즉 반환의무자는 여러 명인 경우도 있을 것이다.

중요한 것은 철저하게 개별적인 권리와 의무라는 것이다.

예를 들어 막내딸이 반환청구권자이고 반환받을 재산이 100원, 장남이 반환해야 할 재산이 70원이고 차남이 반환해야 할 재산이 30원인 경우 막내딸이 장남에게만 70원의 반환을 청구하고, 평소 자신을 도와준 차남에게는 반환을 청구하지 않아도 된다.

주의할 것은, 소송의 당사자가 상속인 중 일부라고 해도 반환을 청구하는 상속인의 유류분 부족액을 산정하고 반환의무자의 의무범위를 확정하기 위해서는 상속인 전원과 제3자에 대한 증여와 유증, 상속채무 등을 모두 입증해야 한다.

이를 통상공동소송이라고 한다. 그러므로 반환을 청구하는 사람은 그 소송에 참여하지 않은 다른 상속인 또는 제3자에 대한 증여와 유증 등의 가액까지도 주장하고 증명할 필요가 있다.

3) 유류분반환 청구소송 – 반드시 선결문제가 해결되어야 한다.

유류분반환 청구의 소는 특별한 사정이 없는 한 피상속인의 최종주소지를 관할하는 법원에 제기한다. 그리고 미성년자와 친권자가 당사자가 되는 경우 특별대리인을 선임해야 하는 경우도 있다.

그보다 중요한 문제는, 반드시 선결문제가 해결되어야 한다는 점이다.

앞에서 유류분 부족액을 산정할 때 유류분액에서 구체적인 상속분을 차감해야 한다고 했다. 공동상속인 각자의 구체적인 상속분이 확정되지 않은 상태에서는 해당 반환청구권자의 유류분 부족액을 산정하기 곤란하다.

기여분도 유류분 반환의 선결문제라고 할 수 있다. 왜냐하면 기여분이 결정되면 반환의 대상에서 제외되기 때문이다.

그런데 구체적인 상속분과 기여분 모두 공동상속인 모두의 합의로 결정하거나 합의가 되지 않으면 법원의 심판으로 결정된다. 이것이 선결문제다.

그래서 통상적으로 상속재산분할 및 기여분 심판이 먼저 진행되고 그 결과에 따라 유류분 청구가 이어지는데, 만약 유류분 청구가 먼저 접수되면 법원은 상속재산분할 및 기여분 심판의 결과를 기다렸다가 재판을 진행한다.

다만, 제3자가 유류분을 침해했는데 기여분 주장도 없고 특별수익도 없어 법정상속분을 적용하여 구체적인 상속분을 구하고 그로써 유류분 부족액을 구해도 차이가 없는 경우에는 선결문제와 관계 없이 진행될 수도 있을 것이다.

기여분과 유류분의 관계에 대해서는 뒤에 설명하는 '기여분과 유류분 그리고 헌재의 오판' 부분을 참고하기를 바란다.

마. 반환의 원칙

1) 유증 우선반환 원칙 – 애인이 유증받은 것을 전부 뺏길 수도 있다.

증여에 대하여는 유증을 반환받은 후가 아니면 이것을 청구할 수 없다. 언뜻 시의 한 구절처럼 보이지만 아주 중요하다.

유류분을 침해하는 증여와 유증이 병존하는 경우에는 우선 유증을 받은 자에 대하여 반환을 청구하고 그래도 여전히 유류분에 부족이 있는 경우 그 부족한 한도 내에서 증여받은 사람을 상대로 반환을 청구할 수 있다.

유증에는 사인증여도 포함된다. 이 부분이 얼마나 중요한지 사례를 보자.

80대 노인에게 아들과 딸이 있었다. 노인은 아들에게 6억 원을 증여하였는데 딸에게는 재산을 전혀 주지 않았다.

그러던 어느 날 노인이 50대 애인과 동행하여 공증사무실에 가서 '사망 당시 남는 재산은 전부 애인에게 유증한다'는 유언서를 작성하였다. 애인은 정성을 다해 노인을 보살폈다.

그 후 노인이 사망하였는데 남은 재산은 2억 원이었고 전부 애인이 받았다.

그런데 딸이 애인을 상대로 유류분 반환을 청구하자 법원은 애인이 받은 2억 원 전부를 딸에게 반환하라고 판결하였다.

애인은 "공증한 유언인데 왜 그런 거냐?"라고 항의했지만 판결은 바뀌지 않았다. 유증 우선반환 원칙이 적용되었기 때문이다.

딸의 유류분 부족액과 반환청구의 상대방

유류분 = (6억 + 2억) ÷ 2(법정상속분) ÷ 2(유류분) = 2억 원
부족액 = 2억 원(유류분) – 받은 재산 없음 = 2억 원

우선적으로 유증받은 애인에게서 2억 원을 반환받는다. 애인은 제3자로서 상속인이 아니므로 유류분권이 없고 따라서 전액이 반환대상이다. 아들에게는 청구할 필요도 없고 청구할 수도 없다.

애인이 속은 것일까? 그건 아무도 모른다. 진실은 오직 피상속인만 아는 것이니까.

유류분반환 대상 중 사망보험금, 유언대용신탁의 수익권, 공제상품의 급여금 등은 수익자를 지정·변경한 때 증여한 것으로 본다는 대법원의 취지에 따르면 증여재산으로 볼 수 있으므로 유증(사인증여)보다 후순위로 반환되는 것으로 보인다.

그러나 사망퇴직연금의 경우에는 수익자를 지정하는 절차가 없으므로 유증으로 볼 여지가 크다.

2) 비례반환 원칙 - 제3자는 전액이 반환 대상이다.

복수의 유증 사이 또는 복수의 증여 사이에는 우선 순위가 없고 동순위로 각 가액에 비례하여 반환의 범위가 결정된다.

공동상속인이 유류분반환 의무자인 경우에는 자기 고유의 유류분을 초과하는 가액을 기준으로 하고, 유류분반환 의무자가 상속인이 아닌 제3자인 경우에는 유류분을 침해한 전액을 기준으로 비율에 따라 안분하여 반환 범위를 정한다.

📚 비례반환 간단 예시

피상속인은 상속인으로 장남과 차남을 남기고 사망하였다. 상속개시 당시 재산은 총 600원인데 그중 장남에게 400원을 유증하고 제3자에게 150원을 유증하였다. 따라서 순상속재산은 50원이다. 차남은 누구에게 얼마를 청구할 수 있는가?
- 유류분액 = 150 {600 ÷ 2(법정상속분) ÷ 2(유류분)}
- 순상속액(구체적인 상속분) = 50 (순상속재산 전부를 차남이 상속)
- 유류분 부족액 = 100 (유류분 150 - 순상속액 50)
- 비례반환
  침해자별 유류분 침해 가액
    장남 250 (유증액 400 - 장남 고유의 유류분 150)
    제3자 150 (제3지는 유류분이 없으므로 유증액 전액)
    침해액 총액 = 400 (장남 250 + 제3자 150)
  비례청구
    장남에게 62.5 (부족액 100 × 250 ÷ 400)
    제3자에게 37.5 (부족액 100 × 150 ÷ 400)

※ '유증 우선, 비례반환 고난도 사례'는 유류분 마지막 부분에 예시하였다.

3) 원물반환 원칙 – 이 원칙은 반드시 폐지되어야 한다.

민법에는 유류분반환의 방법에 관하여 별도의 규정을 두고 있지 않다. 그래서 또 다툼이 생긴다. 이에 대해 대법원은 원칙적으로 증여받거나 유증받은 재산 그 자체를 반환하면 될 것이나, 원물반환이 불가능한 경우에는 그 가액 상당액을 반환할 수밖에 없다고 한다.

증여한 주택이 유류분반환의 대상이라면 주택 자체의 소유권을 이전해야 한다는 뜻이다.

또한 원물반환이 가능한 경우라도 반환의무자와 반환청구자 사이에 가액으로 반환하는 데 합의가 이루어지거나 이의가 없으면 가액반환을 명할 수 있다고 본다.

반대로, 원물로 반환하면 유류분 권리자가 오히려 불리한 경우에도 유류분 권리자가 원물반환을 고집하면 그에 반하는 명령을 할 수 없다는 것이 대법원의 입장이다. 원물반환이 원칙이기 때문이다.

이 원물반환의 원칙으로 인해 많은 문제가 생긴다. 해당 재산이 주택인 경우 수증자가 거주하는 경우가 많은데 이를 반환하는 것은 수증자에게 너무 가혹하고, 주식을 받아 사업체를 운영하는 경우 그 주식을 반환하게 되면 경영권이 위험하게 되거나 가업상속공제를 받은 게 문제가 될 수도 있다.

임대용건물 등을 공유하게 되는 경우 이미 원수가 되어버린 사람들이 공동으로 관리하는 것은 거의 불가능하다는 점, 가액반환이 피상속인의 의사에 더 부합할 수 있다는 점 등으로 원물반환의 원칙에 이의를 제기하는 의견도 많다.

여기서 한 가지 강조해 둔다. 앞에서 원물반환이 불가하여 가액반환을 명하는 경우 해당 재산의 평가기준 시기는 상속개시 당시가 아니고 사실심 변론종결 당시를 기준으로 한다고 하였다.

그런데 유류분액과 유류분 부족액은 상속개시 당시의 가치로 산정하여야 하고 일단 그것을 기준으로 반환하여야 할 재산의 범위부터 확정해야 한다.

그리고 나서 원물반환이 불가하다는 등의 이유로 가액반환을 명하는 경우에만 사실심 변론종결 시점의 가치로 다시 변환한다는 뜻이다.

바. 소멸시효

1) 소멸시효가 생각보다 짧다.

유류분반환 청구권은 유류분 권리자가 상속의 개시 및 반환하여야 할 증여 또는 유증을 한 사실을 안 때로부터 1년, 상속이 개시된 때로부터 10년이 경과하면 시효에 의하여 소멸한다.

단기 소멸시효가 1년에 불과하다. 비교적 짧다.

단기와 장기소멸시효 중 어느 하나라도 먼저 경과하면 시효로 소멸한다. 그러므로 반환청구권을 행사하려면 꼭 시효기간 경과 전에 의사를 표시해야 한다.

2) 소멸시효의 기산점 - 상속개시 전에는 소멸시효가 진행되지 않는다.

1년의 단기 소멸시효의 기산점인 '상속의 개시 및 반환하여야 할 증여 또는 유증을 한 사실을 안 때'라 함은 유류분권리자가 상속이 개시되었다는 사실과 증여 또는 유증이 있었다는 사실 및 그것이 반환하여야 할 것임을 안 때이다.

예를 들어, 유류분을 침해하는 증여가 있었다는 사실을 피상속인이 사망하기 전부터 이미 알고 있었다면 상속이 개시된 후 1년 내에 청구해야 한다. 유류분 소멸시효는 상속과 동시에 시작되기 때문이다. 그 전에는 청구할 수 없다.

반면 상속이 개시된 후에 그 사실을 알았다면 안 때로부터 1년 내에 청구하면 된다. 10년의 장기소멸시효도 상속이 개시된 때로부터 시작한다.

3) 소멸시효의 중단 – 말로 해도 중단된다.

유류분반환 청구권은 소멸시효다. 유류분을 달라고 요구한 사실만 있으면 단기소멸시효와 장기소멸시효 모두 동시에 중단된다. 말로 반환을 요구해도 된다.

상속개시일로로부터 8년 만에 유류분 침해사실을 안 경우 그로부터 1년 이내 유류분을 달라고 요구하기만 하면 소멸시효는 중단된다. 그러므로 상속개시일로부터 10년이 지났더라도 유류분반환 청구의 소를 제기할 수 있다.

4) 상대방의 실수라는 행운도 있다.

소멸시효는 그 이익을 받는 자가 항변을 하지 않으면 의미가 없다. 다시 말해 시효가 지났는데도 유류분반환 의무자가 '시효가 지났으니 반환의무가 없다'는 항변을 하지 않으면 법원이 직권으로 소멸시효 경과를 이유로 재판할 수 없다.

또한 소멸시효가 지나도 반환의무자가 반환을 승낙하면 시효는 의미가 없다.

반대로, 유류분반환 청구를 받은 반환의무자로서는 소멸시효 경과에 대해 적극적으로 주장해야 한다. 시효의 이익은 주장하는 자가 누린다.

5) 소멸시효는 개인별로 적용한다.

여러 명의 유류분 권리자 중에서 어느 한 사람이 반환청구권을 행사하더라도 다른 유류분 권리자의 소멸시효에 영향이 없다. 철저하게 개별 반환청구권자와 개별 반환의무자 사이에서 소멸시효 경과 여부를 판단한다.

마찬가지로 소멸시효 중단 여부도 철저하게 개별 반환청구권자와 상대방 반환의무자 사이에서 판단한다.

6) 증여받아 오랫동안 점유해도 취득시효를 주장할 수 없다.

공동상속인이 수십 년 전에 피상속인으로부터 증여받아 점유하였으므로 취득시효가 완성되었다는 이유로 반환의무가 없는 것 아니냐는 의문이 제기된다.

그러나 특별수익으로 인정되면 취득시효는 적용되지 않는다.

추가하여, 유류분반환을 청구할 때 바로 소유권이전등기 청구의 소로 제기하는 방법도 있고 유류분반환 청구소송에서 승소한 후 따로 소유권이전등기 청구의 소를 제기하기도 한다. 그러므로 유류분반환 청구권의 소멸시효와 그 목적물에 대한 인도청구권 등의 소멸시효는 별개로 적용된다.

사. 기여분과 유류분 그리고 헌재의 오판

1) 헌재의 위헌결정

헌법재판소는 2024.04.25. 2020헌가4 등 사건에서 민법 제1008조의2를 준용하는 규정을 두지 않은 민법 제1118조는 위헌(헌법불합치)이라고 선언하였다. 그러면서 예를 들었다. 그 요지는 아래와 같다.

피상속인이 생전에 기여상속인(배우자)이 행한 부양 등 기여에 대한 보답으로 살던 주택을 증여해 주었고 사망 당시 다른 상속재산이 남아있지 않은 경우, 직계비속은 위 증여에 대하여 유류분반환을 청구할 수 있다.

이에 대하여 배우자는 분할대상 재산이 남아있지 않아 상속재산분할을 청구할 수도 없고 상속재산분할을 전제로 성립하는 기여분공제를 주장할 수도 없는데 유류분에 관한 민법 제1118조가 기여분에 관한 민법 제1008조의2를 준용하지 않고 있어 법정상속분에 따라 획일적으로 산정된 유류분 부족액 전액을 자녀들에게 반환해야 할 의무를 부담하게 된다.

결과적으로 배우자가 기여의 대가로 정당하게 받은 증여까지도 유류분반환의 대상이 됨으로써 실질적 형평이 무너지고 기여자에게 보상을 하려고 하였던 피상속인의 의사가 부정되는 불합리한 결과를 초래하므로 헌법에 위반된다는 것이다.

간단하게 말하면, 유류분을 산정하거나 유류분 부족액을 산정함에 있어 기여의 대가에 해당하는 증여 부분은 완전하게 제외해야 한다는 뜻이다.

2) 헌재의 오판

민법상 상속재산은 아래 표와 같이 구성된다. (제3자에 대한 것은 제외하였다)

구분	Ⓚ	Ⓨ	Ⓖ
총상속재산 구성	증여 재산	유증 재산	남은 재산
민법상 구분	특별수익		기여분
근거 조항	민법 제1008조		민법 제1008조의2

헌재가 든 '기여의 대가로 받은 증여재산'은 Ⓚ에 해당한다. 특별수익이다. 민법 제1008조에 규정되어 있다. 여기에 '기여의 대가 내지 보상'이 포함되어 있다는 것이다. 유증한 재산 Ⓨ도 여기에 해당하는 특별수익이다.

반면 헌재가 민법 제1118조에 준용하지 않았다고 질타한 민법 제1008조의 2에 규정된 기여분은 ⑥에 해당한다. 여기서 말하는 기여분은 상속개시 당시까지 남은 재산에서 몫이 정해지지 않은 재산을 한도로 인정될 수 있다.

이미 증여한 재산이나 유증한 재산은 민법 제1008조에 규정된 특별수익이다. 거기에 포함되어 있다는 기여의 대가는 민법 제1008조의2에 규정된 기여분과 전혀 다른 재산이다.

재산의 실질도 다르다. 증여한 재산과 유증한 재산은 피상속인의 의지가 100% 반영되어 있다. 그러나 기여분은 피상속인의 의지와 무관하게 사후에 제3자가 인정하는 것이다. 근거 조항도 다르고 실질도 전혀 다르다.

특별수익, 즉 증여한 재산과 유증한 재산에 기여분이라는 단어를 사용해서는 안 된다. 기여의 대가 내지 보상이라는 단어를 사용할 수 있을 뿐이다.

헌재가 사례까지 들면서 한 말은, 증여재산에 포함된 기여의 대가를 유류분과 단절시키지 않고 있는 것은 위헌이라는 것이다. 다른 말로 하면 특별수익, 즉 증여재산을 유류분과 단절시키라는 말이다.

그런데 그 방법으로 민법 제1118조에 제1008조의2를 준용하라고 하였다. 이는 기여분과 유류분을 단절시키라는 말이다. 특별수익이 갑자기 기여분이 되었다.

헌재가 완벽하게 혼동하였다. 이미 증여받은 재산에 포함되어 있다고 주장하는 기여의 대가와, 상속개시 당시 남은 재산을 한도로 인정될 수 있는 기여분을 같은 것이라고 혼동하였다. 전혀 다른 재산이다. 중대한 오판을 하였다.

3) 준용하면 더 큰 혼란이 생긴다.

민법 제1118조에 제1008조의2를 준용하면 기여분과 유류분은 단절될 수 있겠지만, 그러나 헌재가 말한 '특별수익에 포함된 기여의 대가'는 여전히 유류분과 단절되지 않는다. 기여분이 아니기 때문이다.

더구나 민법 제1118조에 특별수익에 관한 제1008조를 준용하고 있기 때문에 증여재산 자체를 유류분과 단절시키는 것은 법적으로도 불가능하다.

준용의 효과가 없다. 오히려 아래와 같은 더 큰 혼란이 생긴다.

민법 제1008조의2 기여분은 상속개시 당시 몫이 정해지지 않고 남은 재산을 한도로 인정할 수 있다. 그러므로 모든 재산을 유증하거나 증여한 경우 기여분 주장을 할 여지가 없다. 헌재가 든 사례가 여기에 해당한다.

그럼에도 제1008조의2를 제1118조에 준용함으로써 증여재산에 포함된 기여의 대가를 유류분과 단절시키려면 그 전에 먼저 제1008조의2를 개정해야 한다.

기여분의 한계를 풀어야 한다. 남은 재산뿐만 아니라 증여재산과 유증재산에서도 기여분을 주장할 수 있도록 기여분의 한계를 폐지해야 한다.

그런데 그렇게 되면 더 큰 역효과가 발생한다. 왜냐하면 특별수익이 없는 상속인이, 남은 재산이 전혀 없는 상황에서도 다른 상속인이 받은 증여재산과 유증재산에 대해서까지 기여분 반환을 주장할 수 있다는 논리가 성립하게 된다.

뿐만 아니라 특별수익을 받은 상속인은 유류분반환청구의 피고가 되고 거기에 더하여 기여분반환청구의 상대방이 될 수도 있다. 이중의 부담을 지게 된다.

이는 기여분을 인정하지 않는 피상속인이 전재산을 증여함으로써 기여분으로 인한 다툼과 특별수익으로 인한 분쟁을 방지하려고 했음에도 예상하지 못한 다툼이 생길 수 있다는 말이 된다. 피상속인의 뜻과 상반된다.

준용으로 인한 이득보다 새로운 다툼 유발로 인한 부작용이 더 크다고 본다.

4) 위헌심사의 대상도 아니고 위헌 상황도 아니다.

헌재가 말하는, 특별수익에 포함된 기여의 대가에 해당하는 부분을 유류분 반환 대상에서 제외하는 문제는 특별수익의 해석과 평가, 그리고 적용에 관한 문제일 뿐 기여분과는 아무 상관이 없다. 위헌심사의 대상이 아니다.

바로 헌재가 위 결정에서 언급한 대법원 2021다230083 및 2010다66644 판결에서 기여의 대가에 해당하는 부분을 특별수익에서 제외함으로써 유류분 반환 대상에서 제외한 데서 이미 확인되고 있다.

따라서 위헌 상황도 아니다. 개별사안에서 법관이 특별수익에 포함된 기여의 대가에 해당하는 부분만큼 유류분반환 대상(특별수익)에서 제외하면 된다.

그럼에도 개별법관의 판단이 걱정되면 민법 제1008조 특별수익 후단에 '다만, 기여의 대가 내지 보상에 해당하는 부분은 제외한다.'고 추가하면 된다.

또한 기여의 대가로 증여받은 것이라고 주장하려는 특별수익자(유류분반환 의무자)는 기여분을 주장하면 안 된다. 증여재산, 즉 특별수익에 포함된 기여의 대가를 제외해 달라고 해야 한다.

법원도 기여분의 법정에 앉아 있는 특별수익자를 빨리 특별수익의 법정으로 가라고 명령해야 한다. 자꾸 헷갈리게 하면 쫓아내야 한다.

5) 그럼에도 기여분과 유류분을 단절해야만 할까?

앞에서 본 기여의 대가, 즉 유사 기여분과 유류분의 경합문제는 오판에 의한 것이므로 논외로 하더라도, 그럼에도 민법 제1118조에 제1008조의2를 준용함으로써 진짜 기여분과 유류분을 단절해야 할 필요성은 여전할까?

우선, 증여나 유증이 없는 상태에서 어느 상속인에게 기여분을 과다하게 인정함으로써 기여분과 유류분이 경합하는 상황은 발생하기 어렵다.

왜냐하면, 유류분권은 피상속인도 제한하지 못하는 것인데, 기여분을 과다하게 인정하여 유류분에 부족이 생기게 만들고 그로써 기여분이 유류분과 경합하는 분쟁 상황을 유도한다는 것은 상상하기 어렵기 때문이다.

대법원은, 특별수익에서 기여의 대가를 제외하는 판결을 하면서도 "피상속인의 생전증여를 만연히 특별수익에서 제외하여 유류분제도를 형해화시키지 않도록 신중하게 판단해야 한다."라고 하였다. (대법원 2021다230083 판결)

다만 소득활동은 배우자가 하고 재산의 명의를 경제활동을 한 바가 없는 피상속인으로 해 둔, 사실상 명의신탁의 경우에는 배우자의 기여분을 100%로 인정할 수도 있을 것이다.

그러나 그 경우에는 기여분 전체가 유류분반환 대상에서 제외되므로 기여분과 유류분이 경합할 여지가 없기 때문에 제1008조의2를 제1118조에 준용해야할 필요성이 되지 못한다.

다음으로, 증여나 유증에 의해 이미 어느 상속인에게 유류분 부족이 생긴 상황에서 새로 기여분을 인정함으로써 부족한 상속인의 유류분이 더 부족해지도록 만들고 그로써 기여분과 유류분의 경합이 생기게 만들기는 어렵다.

그다음, 제3자에 대한 증여 등으로 인해 유류분이 침해된 상속인이 기여분을 주장할 수 있고 그로써 진짜 기여분과 진짜 유류분이 경합하는 상황이 생길 가능성도 있지 않느냐는 의문이 생길 수 있다.

그러나 그 경우는 피상속인이 그 상속인의 기여를 인정하지 않는다는 말이다. 피상속인이 배척한 상속인에게 기여분을 인정하기는 어렵다.

어느 경우에도 진짜 기여분과 진짜 유류분이 경합하는 상황은 생기기 어렵다. 이론가들이 상상에서나 있을 법한 경우를 가정하고 벌이는 논쟁이 대부분이다. 민법 제1118조에 제1008조의2를 준용할 필요성은 높지 않아 보인다.

아. 유증 우선, 비례반환 고난도 사례

「증여 또는 유증을 받은 재산」 등의 가액이 자기 고유의 유류분액을 초과하는 수인의 공동상속인이 유류분 권리자에게 반환하여야 할 재산과 범위를 정할 때, 수인의 공동상속인이 「유증받은」 재산의 총 가액이 유류분 권리자의 유류분 부족액을 초과하는 경우에는 유류분 부족액의 범위 내에서 각자의 「수유재산(受遺財産)」을 반환하면 되는 것이지 이를 놓아두고 「수증재산(受贈財産)」을 반환할 것은 아니다.

이 경우 수인의 공동상속인이 유류분 권리자의 유류분 부족액을 각자의 「수유재산」으로 반환할 때 분담하여야 할 액은 각자 「증여 또는 유증을 받은 재산 등의 가액」이 자기 고유의 유류분액을 초과하는 가액의 비율에 따라 안분하여 정한다.

그중 「어느 공동상속인의 수유재산의 가액이 그의 분담액에 미치지 못하여」 분담액 부족분이 발생하더라도 그의 수증재산으로 반환해야 하는 것은 아니다.

그런 경우에는, 자신의 「수유재산의 가액」이 자신의 분담액을 초과하는 다른 공동상속인들이 위 분담액 부족분을 「위 비율에 따라 다시 안분」하여 그들의 「수유재산」으로 반환하여야 한다.

※ 위 문장에서 '증여 또는 유증을 받은 재산 등의 가액'은 증여와 유증을 합한 것을 말하고, '위 비율'은 수유재산의 가액이 자신의 분남액에 미달하는 상속인을 제외한 나머지 공동상속인들의 자기 고유의 유류분액을 초과하는 가액의 비율을 말한다.

피상속인 A씨는 배우자와 장남, 차남, 딸을 두고 사망하였다. 유언으로 배우자에게 1,000원을, 장남에게 4,000원을, 차남에게 730원을 유증하였다.

생전에 증여하여 특별수익으로 인정된 가액은 배우자 5,000원, 장남 10,900원, 차남 8,970원이었다. 그 외 다른 재산은 없다.

그런데 딸에게는 한 푼도 주지 않았다. 이 경우 딸의 유류분 부족액과 유류분반환 의무자별 분담액을 산정하면 다음과 같다.

- 유류분

배우자 30,600 × 3 ÷ 9 ÷ 2 = 5,100

자녀들 각 30,600 × 2 ÷ 9 ÷ 2 = 각 3,400

	산정 항목	배우자	장남	차남	딸	합 계
①	수유액	1,000	4,000	730		5,730
②	수증액	5,000	10,900	8,970		24,870
③	합계(특별수익)	6,000	14,900	9,700		30,600
④	유류분액	5,100	3,400	3,400	3,400	15,300
⑤	유류분 초과액(③-④)	900	11,500	6,300		18,700
⑥	유류분 초과비율	4.8%	61.5%	33.7%		100%
⑦	1차 반환 분담액(3,400×⑥)	163	2,091	1,145		3,400
⑧	차남 분담액 부족(⑦-①)			415		- 415
⑨	차남 분담액 부족분 안분 비율	7.3%	92.7%			100%
⑩	차남 분담액 부족분 안분(415×⑨)	30	385			415
⑪	최종 반환 부담액(⑦+⑩-⑧)	193	2,476	730		3,400

※ ⑥ 각 ⑤ ÷ 유류분 초과액 합계 18,700 × 100

※ ⑨ 배우자, 장남 : 각 ⑤ ÷ (배우자 ⑤ 900 + 장남 ⑤ 11,500) × 100

위 산정 결과를 보면, 유증 우선반환 원칙으로 인해 유증을 많이 받은 장남이 가장 많이 반환하게 되고 유증을 적게 받은 차남은 수유액을 범위로 반환하게 되어 상대적으로 유리하다.

9장

상속인이 없는 경우

9장 ⚖ 상속인이 없는 경우

가. 특별연고자

아주 드물지만 상속인이 없는 경우도 있다. 상속인은 있는데 연락이 안 되는 게 아니라 아예 상속인이 없는 사람이다.

> ※ 상속인 전원이 상속을 포기하는 경우도 해당되지만 그런 경우는 채무초과 상속이므로 특별연고자에 대한 분여가 있을 가능성이 거의 없어 그 부분은 논외로 한다.

그런데 그 피상속인과 생계를 같이 하고 있던 사람이나 그 사람의 요양간호를 한 사람, 사실혼관계에 있던 사람, 피상속인이 의뢰하여 피상속인과 그 선조의 제사를 봉행할 사람 등이 있을 수 있다. 이들을 특별연고자라고 한다.

특별연고자는 상속권은 없지만 법정상속인이 없는 경우 상속재산의 일부 또는 전부를 분여받을 수는 있다. 이를 특별연고자에 대한 분여제도라고 한다.

나. 특별연고자 분여 절차

ⓐ 상속재산관리인 선임청구: 상속인이 없다고 판단되면 특별연고자는 피상속인의 최종주소지를 관할하는 가정법원에 상속재산관리인 선임을 청구한다.

ⓑ 상속재산관리인 선임공고: 가정법원이 특별연고자의 청구를 받아들여 관리인을 선임하면 즉시 공고하고 3개월 동안 상속인이 나타나기를 기다린다.

ⓒ 상속인 없는 재산의 청산 공고: 3개월이 지나도 상속인임을 주장하는 자가 나타나지 않으면 상속재산관리인이 상속채권자들에 대하여 청산하겠다는 공고를 한다. 그 기간은 2개월 이상이어야 한다. 이 기간 지났음에도 상속인임을 주장하는 자가 없으면 신고된 채권에 대해 청산한다.

ⓓ 상속인수색의 공고: 청산 후에도 적극재산이 남아 있거나, 상속채권자라고 신고한 사람도 없고 상속인임을 주장하는 사람도 나타나지 않으면 최종적으로 상속인수색 공고를 한다. 그 기간은 1년 이상이어야 한다.

ⓔ 분여청구: 상속인수색의 공고 기간이 지나도 상속인임을 주장하는 사람이 없으면 특별연고자는 상속인수색의 공고 만료일로부터 2개월 이내에 법원에 재산의 분여를 청구할 수 있다.

ⓕ 재산의 분여: 분여될 수 없는 재산을 제외한 나머지 재산에 대하여 법원이 재량으로 재산의 전부 또는 일부에 대한 분여를 결정한다. 상속개시일로부터 최소 2년은 지나야 결론이 난다.

다. 국가귀속

특별연고자도 없는데 피상속인이 다른 사람과 부동산을 공유하고 있는 경우 피상속인의 지분은 다른 공유자에게 귀속된다. 그러고도 남는 상속적극재산은 국가에 귀속된다. 관할 세무서장이 관리한다.

일단 국가에 귀속된 후에는 상속채권자나 유증받을 자라도 국가에 대하여 그 변제(반환)를 청구하지 못한다.

10장

상속의 승인과
포기

10장 상속의 승인과 포기

가. 상속인의 선택

상속은 상속받을 사람(포괄적 수증자 포함)이 알든 모르든 그 사람의 의사와 관계 없이 상속개시와 동시에 피상속인의 재산에 관한 권리와 의무를 당연히 포괄승계하도록 하고 있어 상속인이 곤란해질 수 있다. 따라서 상속인이 그의 의사에 따라 상속을 받든지 또는 거절하든지 기회를 주어야 한다.

이에 따라 상속법에는 단순승인을 하여 잠정적으로 발생한 포괄승계의 효과를 자신에게 귀속시키는 것을 확정하거나, 한정승인을 하여 상속받은 재산을 한도로 피상속인의 채무와 유증을 변제하고 그 이상은 책임지지 않을 수도 있으며, 상속을 포기함으로써 처음부터 상속인이 아닌 것으로 되고 따라서 피상속인의 권리와 의무의 승계 자체를 거절할 수 있도록 허용하고 있다.

1) 가장 중요한 것은 기간을 지키는 것이다.

상속인은 상속개시 있음을 안 날로부터 3월 내에 단순승인이나 한정승인 또는 포기를 할 수 있다. 한정승인이나 상속포기를 하려면 이 기간 내에 가정법원에 신고까지 마쳐야 한다. 특별한 사정이 없는 한 이 기간이 지나면 단순승인을 한 것으로 간주된다.

가) 상속인이 상속개시 있음을 안 날

일부에서는 고려기간의 기산점인 '상속인이 상속개시 있음을 안 날'을 사망한 날이라고 말하는 사람도 있다. 통상적인 경우 피상속인의 배우자나 자녀들이 상속인이 되는 경우에는 맞는 말이다. 그렇지만 반드시 그런 것은 아니다.

우선, 상속개시의 원인이 되는 피상속인의 사망 또는 실종선고 등이 있다는 것부터 알아야 한다. 그것조차 모르는 경우에는 고려기간이 진행되지 않는다.

그에 더하여, 그로써 자신이 상속인이 되었음을 안 날을 기준으로 한다.

그러므로 차순위가 상속인이 된 경우에는, 선순위 상속인 모두 상속을 포기한 사실을 알게 되었다는 것만으로는 부족하고 자신이 상속인이 된 것을 확정적으로 인식한 날을 기준으로 한다. 그러므로 사람마다 다를 수 있다.

상속인이 미성년자 등 제한능력자인 경우에는 친권자(후견인)가 그자를 위한 상속개시 있음을 안 날이 기산일이 된다. 미성년 상속인의 특별한정승인제도에 대하여는 뒤의 라) 빚 좋은 개살구 항목에서 별도로 설명한다.

특수한 경우도 있다. 거래처의 부도로 인해 동반부도를 맞은 A씨가 사망하고 많은 빚을 남겼다. 며칠 후 아들도 교통사고로 사망하면서 A씨의 상속에 대한 승인이나 포기를 하지 못하였다.

이 경우 아들의 상속포기 여부 선택권은 손자녀에게 상속된다.

손자녀는 조부의 사망과는 관계없이 아버지의 사망일로부터 3개월 내에 피상속인을 아버지로 하는 상속에 대해서만 포기하면 된다.

단, 대습상속의 경우는 이와 다르다는 점을 주의해야 한다. (상속포기 편 참조)

고려기간은 철저하게 상속인 개인별로 판단한다. 상속의 승인과 포기도 개별적으로 선택한다. 주의할 것은 멀쩡한 성인이 법을 잘 몰랐다거나, 상속재산과 상속채무를 알지 못해서 신고가 늦었다는 등으로는 고려기간을 피할 수 없다.

나) 단 하루가 10년을 좌우한다.

가끔 고려기간이 임박한 경우를 본다. 하루 사이에 기간을 놓치면 피상속인의 채무를 제한 없이 갚아야 한다. 단 하루가 10년을 좌우할 수도 있다는 말이다.

고려기간은 한정승인 또는 상속포기의 신고서류가 가정법원에 접수된 날짜를 기준으로 한다. 그리고 '3월'의 기간은 초일은 산입하지 않고 역에 의하여 그 기산일에 해당한 날의 전일로 기간이 만료한다.

예를 들어 고려기간의 기산일이 6월 24일이라면 9월 24일(평일인 경우) 24시에 만료된다. 기간의 말일이 토요일이거나 공휴일에 해당한 때에는 기간은 그 다음 날로 만료한다.

한정승인 또는 상속포기의 신고가 수리된 후 그 신고가 고려기간 경과로 무효라는 상속채권자 등의 주장이 있는 경우 고려기간을 지켰다는 점에 대한 증명책임은 상속인에게 있다.

다) 고려기간 연장제도를 적극 활용하자.

고려기간은 상속인의 상속포기(한정승인) 기간연장허가 심판청구서에 의하여 가정법원이 이를 연장할 수 있다. 다만, 연장청구도 1차 고려기간이 경과하기 전에 피상속인의 최종 주소지를 관할하는 가정법원에 접수되어야 한다.

천재지변 등 불가항력적인 사정이 있었다고 호소해도 봐주지 않는다. 연장기간은 법원이 정한다. 3개월에 얽매이지 않는다.

재연장청구도 가능하다. 그러나 고려기간의 연장은 개별상속인별로 적용된다. 어느 상속인이 고려기간 연장허가를 받았다고 하더라도 그 효력이 다른 상속인에게는 미치지 않는다.

라) 「안심상속」 원스톱서비스(사망자 재산조회) 활용

최우선순위 상속인이 가까운 읍·면·동 주민센터에 방문하여 신청하거나, 제 3, 4순위 상속인을 제외한 최우선순위 상속인이 정부24를 통해 온라인으로 신 청할 수 있다. 보통 사망신고와 동시에 한다.

다만 피상속인의 사망일이 속한 달의 말일부터 1년 이내 신청해야 하고 통상 한 달 이내 결과를 알 수 있다.

– 재산조회 종류 상세 내역 (현재 총 19종이고 계속 추가되고 있음)

① 지방세정보(체납액·고지세액·환급액) ② 자동차정보(소유내역) ③ 토지정보(소유내역) ④ 국세정보(체납액·고지세액·환급액) ⑤ 금융거래정보(은행, 보험 등) ⑥ 국민연금정보(가입여부 및 대여금 채무여부) ⑦ 공무원연금정보(가입여부 및 대여금 채무여부) ⑧ 사학연금정보(가입여부 및 대여금 채무여부) ⑨ 군인연금정보(가입유무) ⑩ 건설근로자 퇴직공제금정보(가입유무) ⑪ 건축물정보(소유내역) ⑫ 대한지방행정공제회 가입상품(가입유무) ⑬ 군인공제회 가입상품(가입유무) ⑭ 과학기술인공제회 가입상품(가입유무) ⑮ 한국교직원공제회 가입상품(가입유무) ⑯ 근로복지공단 퇴직연금, 대지급금 채무여부 ⑰소상공인시장진흥공단 소상공인정책자금대출 여부 ⑱ 어선정보(소유내역) ⑲ 4대사회보험료(건강보험, 국민연금, 고용보험, 산업재해보상보험)

위에서 금융거래내역은 사망일 현재 모든 활동계좌의 수신과 대출잔액이 조 회되며 등록대부업체를 포함하여 국내 거의 모든 금융회사의 정보가 조회된다.

위 결과에 더하여 개인 간 사채 또는 채권 등이 있으면 이를 반영하여 재산의 규모와 내용, 채무의 규모 등을 확인하고 거기에 특별수익과 기여분, 유류분 등 까지 감안하여 상속의 승인과 포기 또는 한정승인 여부를 결정하여야 한다.

2) 일반 특별한정승인

(※ 미성년 상속인 특별한정승인제도와 구분하기 위해 앞에 '일반'을 추가하였다.)

상속채무가 상속재산을 초과하는 사실(상속채무 초과사실)을 중대한 과실 없이 고려기간 내에 알지 못하고 단순승인을 한 경우(상속재산에 대한 처분행위를 하였거나 고려기간 내에 한정승인 또는 포기를 하지 않아 법정단순승인이 된 경우까지 포함한다) 그 사실을 안 날부터 3개월 내에 한정승인을 할 수 있다.

일반 특별한정승인의 요건 등은 이어지는 한정승인 편에 자세하게 서술하였다.

3) 한 번 선택하면 취소하지 못한다.

아직 고려기간이 남아 있더라도, 일단 한정승인 또는 상속포기의 신고가 법원에서 수리되어 버리면 그 신고를 철회하지 못한다.

다만, 법원에 접수만 되어 있고 수리심판이 아직 결정되지 않았다면 철회할 수 있다.

그렇다고 해도 그 승인이나 포기가 강요나 협박에 의해 이루어졌거나 중요한 내용에 대한 착오에 의한 경우에는 서면에 의한 신고로 취소할 수 있다. 그로 인한 취소권은 강요나 협박을 벗어난 날로부터 3개월, 승인 또는 포기한 날로부터 1년 내에 행사하지 아니하면 시효로 인하여 소멸한다.

또한 승인 또는 포기가 당사자 본인의 의사에 기한 것이 아니거나, 신고서가 위조되었거나, 한정승인 또는 포기가 법정단순승인으로 의제된 후에 이루어진 경우 그것은 무효 사유에 해당하므로 소급하여 무효가 된다.

4) 빚 좋은 개살구 = 미성년 상속인 특별한정승인 = 빚대물림방지법

현실적으로, 상속재산이 상속채무보다 많으면 미성년 상속인은 가만히 있어도 상속받게 되므로 전혀 문제가 없다.

뿐만 아니라 상속채무가 상속재산을 초과하는 채무초과 상속에서도 미성년 상속인의 친권자 또는 특별대리인에 의해 고려기간 내에 적법한 상속포기 신고를 함으로써 대부분 잘 종결되고 있다.

그런데 일부 미성년 상속인의 경우 친권자가 없거나, 있어도 고려기간을 넘겨버리는 등으로 단순승인이 되어 사회에 나서기도 전에 빚을 대물림 받아 정상적인 경제활동을 할 수 없는 경우가 있다.

이런 불합리한 점을 해결하기 위해 만든 것이 일명 빚대물림방지법, 즉 미성년 상속인 특별한정승인 규정이다.

미성년 상속인이 상속채무가 상속재산을 초과하는 상속을, 성년이 되기 전에 단순승인한 경우에는 성년이 된 후 그 상속의 상속채무 초과사실을 안 날부터 3개월 내에 한정승인을 할 수 있다.

다시 말해 미성년 상속인 본인이 했든, 법정대리인이 했든, 본인이 미성년인 상태에서 이루어진 단순승인은 그 본인이 성년이 된 후 상속채무 초과사실을 안 날로부터 3개월 내에 한정승인을 함으로써 효력을 잃는다.

저자는 여기에 반대한다.

① 돈을 빌려준 사람이 채무자의 미성년 자녀들의 무지와 실수라는 약점에 기대어 돈을 받아내는 것은 권리가 아니라 폭력이다. 채무자가 사망함으로써 돈을 회수하지 못할 부실률에 대한 보상은 이미 이자율에 반영되어 있다.

② 성년이 될 날짜와 고려기간을 입력해 두고 관리하지 않는 한 고려기간을 지

키기 쉽지 않다. 초등학생 상속인에게 휴대폰에 알람을 걸어두라는 것인가?

③ 한정승인을 한다고 해도 갓 성년이 된 청년이 어른들도 하기 어렵다는 빚 청산절차를 어떻게 감당하라는 것인지 도무지 납득하기 어렵다.

④ 채권자 입장에서도 최장 19년 동안 회계처리도 못하고 아무런 대책 없이 기다려야 하고 그 후에도 한정승인 청산절차를 거쳐야 채권이 정리된다.

⑤ 빚을 대물림하지 않게 하는 것이 목적이라고 하면서 굳이 한정승인을 하게 하는 이유를 도저히 이해하기 어렵다.

저자는 오래 전부터 미성년 상속인 자동상속포기제 도입을 주장해 왔다. 조건 없이 '채무초과 상속에서 미성년 상속인은 상속개시와 동시에 상속을 포기한 것으로 간주한다'고 하면 된다. 간단하다.

나. 단순승인

1) 일반 단순승인

상속인의 80% 이상이 여기에 해당된다고 추정한다. 상속채무보다 상속재산이 많다. 거의 대부분이 그렇다. 그러니 그냥 받는 것이다.

특별한 방식도 없고 가정법원에 신고할 필요도 없다. 고려기간도 의미 없다. 장례를 치르고 나서 상속인들이 협의해서 예금을 찾고, 협의분할을 하고, 빚이 있으면 갚고, 부동산이나 자동차의 명의를 바꾼다. 상속포기나 한정승인제도를 논할 이유가 없다.

그러나 마냥 좋은 것만은 아니다. 재산을 두고 다툼이 생긴다는 것이다. 특별수익과 기여분, 유류분 등으로 인해 다툼이 생긴다. 이에 대해서는 앞에서 이미 설명하였다.

2) 법정단순승인

채무초과 상속에서는 한정승인 또는 상속포기를 하는 것이 좋은데 상속인의 어떤 행위로 인해 단순승인으로 간주되어 버리고, 그에 따라 한정승인 또는 상속포기를 할 수 없게 되고, 상속인의 고유재산으로 법정상속분에 해당하는 상속채무를 제한 없이 갚아야 하는 의무를 부담하게 된다. 이를 법정단순승인이라고 한다.

3) 법정단순승인 사유

법정단순승인 사유가 있으면 그 전에 상속인이 한 한정승인 또는 포기의 효력이 소멸하고 단순승인의 효과가 발생하여 상속인의 고유재산에 대하여도 강제집행을 할 수 있게 된다.

더 이상 한정승인 또는 상속포기를 할 수 없다. 이게 무섭다. 상속인의 어떤 행위가 여기에 해당하는지 법정단순승인 사유를 살펴보자.

가) 상속인이 상속재산에 대한 처분행위를 한 때

(1) 처분행위의 대상

㉮ 처분행위가 되는 것(예시)

ⓐ 상속재산분할협의에 동의하는 것

ⓑ 상속재산을 매도하거나, 증여하거나, 담보로 제공하는 것

ⓒ 상속채권을 양도하거나 포기하는 것

ⓓ 상속채권을 추심하여 변제받는 것

ⓔ 상속채무의 변제로서 상속재산을 양도하는 것

ⓕ 피상속인의 차량을 폐차하는 것

ⓖ 피상속인 명의 임야에 있는 산림을 벌채하는 것

ⓗ 한정승인 또는 포기를 하기 전에 상속재산을 부정소비하는 것

ⓘ 처분행위에 해당하는지 여부는 상속인이 한 행위의 내용, 경위 등에 비추어 그로부터 상속인의 단순승인의 의사를 추인할 수 있을지가 중요한 고려요소다.

㉯ 처분행위가 아닌 것(예시)

ⓐ 사망보험금, 유족연금, 퇴직연금, 공제회 급여금 등을 수령하는 행위. 이는 상속인의 고유재산이므로 상속재산의 처분행위가 아니다.

ⓑ 부동산을 상속인 전원의 법정상속분에 따라 이전등기를 하는 것. 이는 상속재산의 분할이 아니다. (잠정적 관리행위)

ⓒ 장례비용, 상속재산에 대한 양도세, 취득세 등을 지급하는 것

ⓓ 주권을 보관하는 자에게 반환을 청구하는 것(관리행위)

ⓔ 은행에서 피상속인 명의 예금을 인출하는 것(관리행위)

(2) 처분행위의 시기

여기서 처분행위는 한정승인 또는 상속포기를 하기 전에 한 경우만 해당한다. 따라서 한정승인 또는 상속포기 수리심판이 확정된 후에 한 처분행위는 여기에서 말하는 처분행위에는 해당하지 않는다.

그렇지만 그런 행위는 부정소비에 해당될 수 있고 그에 따라 법정단순승인이 될 수 있다. 그게 아니라도 손해배상책임과 부당이득반환의 대상이 되고 업무상횡령죄로 처벌받을 가능성도 있다.

나) 상속인이 고려기간 내에 한정승인 또는 포기를 하지 아니한 때

상속재산이 상속채무보다 많은 경우 대부분 이 규정에 따라 자동단순승인이

된다. 문제는 반대의 경우이다. 상속채무가 더 많다는 것을 알면서도 고려기간 내에 한정승인 또는 상속포기를 하지 않으면 단순승인한 것으로 간주된다.

피상속인의 사후처리까지 해야 하는 상속인에게 고려기간 3개월이 그렇게 긴 시간이 아니다. 차일피일하다가 기간을 놓치면 안 된다.

물론, 중대한 과실 없이 상속채무가 상속재산을 초과한다는 사실을 모른 경우에는 고려기간을 지났더라도 그 사실을 안 날부터 3개월 내에 특별한정승인 신고를 하면 되지만, 알면서도 기간을 경과한 경우에는 면책되지 않는다.

다) 상속인이 한정승인 또는 포기를 한 후에 상속재산을 은닉하거나, 부정소비하거나, 고의로 재산목록에 기입하지 아니한 때

(1) 상속재산 은닉

은닉이란 숨기는 것을 말한다. 상속재산의 존재를 타인이 쉽게 알 수 없도록 고의적으로 숨기는 행위이다. 피상속인이 금고에 보관하던 골드바 또는 현금을 상속인이 몰래 감춰놓고 상속받은 재산이 없다고 했는데 채권자가 CCTV를 통해 은닉한 사실을 확인하면 법정단순승인 사유에 해당한다.

법조계 다수 의견은 상속을 포기하거나 한정승인을 하기 전에 은닉했든, 그 후에 은닉했든 모두 법정단순승인 사유에 해당한다고 본다.

(2) 부정소비

부정소비는 처분과 다르다. 부정소비는 상속재산을 써서 없애는 것을 말한다. 피상속인의 예금을 찾아서 그중 일부 또는 전부를 상속인의 채무변제에 사용한다든가, 유흥비로 탕진한다든가, 상속인 명의로 차량을 구입하는 등의 경우 이에 해당한다. 상속채권자의 불이익을 예상하면서도 소비한 경우를 말한다.

그러나 상속재산인 임차권을 지키기 위해 상속재산으로 월세를 지급했다든가, 상속재산을 처분하여 상속채권자 중 우선변제권자에게 지급한 것은 부정소비라고 볼 수 없다.

쉽게 말하면 상속인에게는 이득이 되면서 상속채권자에게는 손해가 되는 상속재산의 소비를 부정소비라고 보면 된다.

(3) 고의로 재산목록에 기입하지 아니한 때

이 규정은 상속인의 배신적 행위에 대한 제재의 의미를 가지고 있다. '고의로 재산목록에 기입하지 아니한 때'라 함은, 상속인이 한정승인을 신고할 때 재산목록을 첨부하는데 이때 상속재산을 은닉하여 상속채권자를 사해할 의사로써 재산목록에 기입하지 않는 것을 말한다. 한정승인에만 적용된다.

일반적인 경우에는 고의적으로 상속재산목록에 상속적극재산을 누락시키지만 간혹 지인과 공모하여 가공의 채무를 기재함으로써 상속채권자들에게 돌아갈 배당을 줄이는 것도 여기에 해당된다.

대법원은, 상속인이 어떠한 상속재산이 있음을 알면서도 이를 재산목록에 기입하지 아니하였다는 사정만으로는 부족하고, 상속재산을 은닉하여 상속채권자를 사해할 의사(그 재산의 존재를 쉽게 알 수 없게 만들려는)가 있을 것을 필요로 하며, 위 사정은 이를 주장하는 채권자가 증명하여야 한다고 하였다.

라) 예외

드물지만 이런 일이 있다. 1순위 상속인인 자녀들이 채무초과 상속이라며 상속포기를 하고는 사실 상속재산인 골드바를 숨겨 놓았다. 그래서 차순위로 형제자매가 상속인이 되었는데 그만 고려기간을 경과하여 법정단순승인이 되었다.

이런 경우 골드바를 숨긴 자녀들이 법정단순승인 사유에 해당함에도 불구하고 단순승인으로 보지 않는다. 후순위 형제자매의 단순승인이 유효하기 때문이다.

이 경우 형제자매들은 1순위 상속인들을 상대로 은닉재산의 인도를 구하거나 손해배상 또는 부당이득반환청구 등을 통해 손해를 보전해야 한다.

4) 하늘이 무너져도 솟아날 구멍은 있다.

상속인이 상속재산을 처분하거나 고려기간에도 아무 조치를 취하지 않았다면 당연히 상속재산이 상속채무보다 많다고 믿었기 때문이다.

설사 몰랐던 상속채무가 나타나도 상속재산으로 갚을 수 있으면 아무 문제가 없다.

그런데 알지도 못했던 상속채무가 새로 나타나 상속적극재산보다 상속채무가 많아 채무초과 상속에 해당되면 문제가 될 수 있다.

바로 이런 경우가 특별한정승인의 요건이다. 상속채무가 상속재산을 초과하는 사실을 중대한 과실 없이 알지 못하고 상속재산에 대한 처분행위를 하였거나 고려기간 내에 한정승인 또는 포기를 하지 않아 법정단순승인이 된 경우에도 그 사실을 안 날부터 3개월 내에 특별한정승인을 할 수 있다.

그러나 상속인이 한정승인 또는 포기를 한 후에 상속재산을 은닉하거나 부정소비하거나 고의로 재산목록에 기입하지 아니하여 법정단순승인으로 간주된 경우에는 특별한정승인을 할 수 없다. 상속인의 배신행위에 대한 제재이다.

다. 한정승인

1) 증여받은 재산이 많아도 한정승인을 할 수 있다.

가) 한정승인이란 무엇인가? - 받을 건 다 받는다.

상속인은, 상속으로 인하여 취득할 재산의 한도에서 피상속인의 채무와 유증을 변제할 것을 조건으로 상속을 승인할 수 있다. 상속채무가 상속적극재산보다 많은 경우 또는 상속적극재산이 많은지 상속채무가 많은지 불명확한 경우 선택하는 방식이다. 이를 한정승인이라고 한다.

한정승인도 상속의 승인에 해당한다. 따라서 상속채무를 법정상속분에 응하여 부담하게 된다. 단, 그 책임의 한계를 상속으로 인하여 취득할 재산을 한도로 한다는 뜻이다.

그래서 한정상속인을 상대로 채권자가 대여금소송 등을 제기하면 법원은 전액지급을 명하면서 "망 ◇◇◇로부터 상속받은 재산의 범위 내에서 지급하라"라고 판결하고 과세처분 사건에서도 과세처분 자체는 정당하다고 판결하면서, 납세의무는 상속받은 재산을 한도로 제한한다는 취지를 본문에 추가한다.

따라서 상속인의 고유재산으로는 변제할 의무가 없고 채권자 또는 국세청도 한정상속인의 고유재산에 대해서는 강제집행을 할 수 없다.

나) 증여받은 재산이 많아도 한정승인을 할 수 있다.

여기서 취득할 재산이란 '상속개시 당시 상속적극재산'만을 뜻한다. 그러므로 한정상속인이 피상속인 생전에 이미 증여받은 재산은 아무 상관이 없다.

아주 중요한 내용이다. 피상속인으로부터 증여받은 재산이 많으면 한정승인을 할 수 없다고 잘못 알고 있는 사람들도 있는데 그렇지 않다.

만약, 채권자 등이 한정상속인의 고유재산에 강제집행을 한 경우 한정상속인이 청구이의를 하면 법원은 "해당 판결에 기한 강제집행은 망 ◇◇◇의 상속재산 이외의 재산에 대해서는 불허한다."라는 판결로써 한정상속인을 보호한다.

다) 상속받은 재산은 피상속인의 채무를 갚는 데 우선 사용해야 한다.

한정상속인은 상속받은 재산을 피상속인의 채무를 갚는 데 우선 사용해야 한다. 그런데 그 재산으로 자신의 채무를 갚는 데 사용하는 사람도 있다.

이런 경우 상속채권자는 한정상속인을 상대로 손해배상을 청구하면서 그의 고유재산에 대해 강제집행을 할 수도 있고 사해행위라는 이유로 채권자취소권을 행사할 수도 있다.

2) 전략적 한정승인 – 한 사람만 해도 충분하다.

채무초과 상속에서 공동상속인들의 목표는 ① 상속인의 순위가 후순위로 이전되지 않음으로써 피상속인의 명예를 보호하고 ② 상속채무로부터 상속인들의 재산도 보호하면서 ③ 가장 효율적으로 상속재산과 채무를 청산하는 것이다.

위 목표를 달성하는 방법이 바로 한정승인이다. 공동상속인 중에서 한 사람만 한정승인을 해도 된다.

예를 들면, 채무초과 상속에서 장남 혼자만 한정승인을 하고 배우자를 포함한 나머지 상속인들은 상속을 포기함으로써 상속인의 순위가 후순위로 이전되지 않게 되어 피상속인의 명예와 상속인들의 고유재산을 보호할 수 있고, 장남 혼자만 청산절차를 수행함으로써 효율성도 제고할 수 있다.

요즘은 더 극적이고 전략적인 한정승인 사례도 많다. 상속채무가 상속재산보다 많은데 피상속인이 가입해 둔 보험에서 사망보험금이 지급된다고 한다. 이때 대학생 자녀들은 모두 상속을 포기하고 배우자 혼자만 한정승인을 한다.

배우자는 보험사에서 사망보험금으로 수억 원을 수령할 수 있다. 사망보험금은 상속인의 고유재산이고 상속채무의 책임재산이 아니므로 수령하여 사용하고 오로지 피상속인으로부터 받은 재산을 한도로 상속채무를 변제한다.

상속인의 순위도 후순위로 이전되지 않고 청산업무도 배우자 혼자 처리하여 대학생인 자녀들은 학업에 전념할 수 있다.

3) 특별한정승인 - 한 번의 기회는 있다.

상속채무가 상속재산을 초과하는 사실(상속채무 초과사실)을 중대한 과실 없이 고려기간 내에 알지 못하고 단순승인을 한 경우(상속재산에 대한 처분행위를 하였거나 고려기간 내에 한정승인 또는 포기를 하지 않아 법정단순승인이 된 경우까지 포함한다) 그 사실을 안 날부터 3개월 내에 한정승인을 할 수 있다.

저자는 이를 일반 특별한정승인이라고 부른다.

(※ 미성년 상속인 특별한정승인 제도와 구분하기 위해 앞에 '일반'을 추가하였다.)

특별한정승인을 하기 위해서는 ① 상속채무가 상속재산을 초과하는 채무초과상태에 있고 ② 상속인이 중대한 과실 없이 고려기간 동안 채무초과 사실을 알지 못한 상태에서 ③ 실제로 상속재산에 대하여 처분행위를 하였거나, 고려기간을 도과함으로써 법정단순승인이 되었어야 한다.

상속인이 한정승인 또는 상속포기를 한 후에 상속재산을 은닉하거나 부정소비하거나, 고의로 재산목록에 기입하지 않음으로써 법정단순승인이 된 경우에는 특별한정승인을 할 수 없다.

특별한정승인의 요건

가) 채무초과 상태일 것

상속개시 당시 상속적극재산과 상속채무의 가액을 기준으로 채무초과 여부를 판단한다. 첨부한 재산목록에 상속개시 당시 상속적극재산의 가액이 상속채무보다 더 많은 것으로 적은 특별한정승인 신고는 부적법하므로 각하된다.

나) 채무초과 사실을 알지 못한 데 중대한 과실이 없을 것

여기서 「중대한 과실」이라 함은, 조금만 주의를 기울였다면 알 수 있었음에도 이를 게을리함으로써 그 사실을 알지 못한 데 상속인에게 책임이 있는 경우를 말한다.

거의 고의라고 해도 될 정도의 큰 잘못으로 채무초과 사실을 모른 경우를 말한다. 그런 중대한 과실이 없어야 한다.

쟁점이 되는 부분도 바로 이 부분이다. 중대한 과실이 없다는 점에 대한 증명책임은 특별한정승인을 한 상속인에게 있다.

예를 들면 상속채권자로부터 돈을 갚으라는 내용증명 우편을 받고도 "이웃 사촌보다 못한 고모에게 무슨 상속이냐? 그런 법은 인정 못 한다. 나한테 이야기 하지 마라"라며 무시하는 정도의 중대한 과실이 있는 경우에만 특별한정승인을 못 한다고 보면 된다.

결국 중대한 과실이 있는지 없는지 여부는 법관이 결정한다. 사람마다 다르다. 해당 상속인의 나이, 채무의 사용처가 상속인과 관계 있는지 등 다양한 사정을 고려하여 법관이 판단한다. 거의 유사한 상황인데 정반대로 나오기도 한다.

다) 3개월 내에 가정법원에 신고할 것

위 요건을 모두 갖춘 상속인은 채무초과 사실을 안 날부터 3개월 내에 일반적인 한정승인 절차와 동일한 방식으로 가정법원에 특별한정승인의 신고를 접수해야 한다. 특별한정승인의 효력은 그 수리심판을 고지받음으로써 발생한다.

라) 예방적 한정승인 불필요

만에 하나라도 사채업자에게 빌린 돈이 있을지도 모르니 반드시 3개월 내에 한정승인을 해야 한다는 사람들이 있다. 속칭 예방적 한정승인이라고 부른다.

반드시 그럴 필요는 없다. 열심히 상속채무를 찾지 않았다고 해서 상속채무를 갚으라고 하지는 않는다. 사채업자에게서 독촉장이 오면 사실관계를 다시 확인해 보고 맞으면 3개월 내에 특별한정승인 신고를 하면 된다.

이미 사용한 상속재산이 있어도 그 가액만큼 상속채무를 변제하면 된다. 걱정하지 않아도 된다.

마) 특별한정승인 신고 수리의 법적 의미

한정승인신고 수리심판은 형식적인 한정승인의 요건을 구비한 것으로 인정한다는 의미에 한정된다. 상속인이 중대한 과실 없이 채무초과 사실을 몰랐다는 것이 맞는지 등 실체적인 요건에 대한 판단은 아니다.

따라서 피상속인의 채권자 등은 별도로 민사소송을 제기하여 특별한정승인의 효력을 다툴 수 있고 이에 특별한정승인의 요건에 해당한다는 점에 대하여는 특별한정승인을 한 상속인이 증명해야 한다.

특별한정승인이 유효하게 이루어지면 이미 발생했던 단순승인의 효력은 소급하여 소멸하고 처음부터 한정승인을 한 결과가 된다.

따라서 상속으로 인하여 취득할 재산의 한도에서 피상속인의 채무와 유증을 변제하면 된다.

4) 한정승인 신고 절차와 효과

ⓐ 신고절차

한정승인을 할 때에는 고려기간 내에 상속한정승인 심판청구서에 상속재산의 목록을 첨부하여 한정승인의 신고를 하여야 한다.

물론 간편하게 인터넷(전자소송 홈페이지)으로 할 수도 있다. 인터넷으로 하는 경우 인감증명서, 제적등본 등의 필요서류를 미리 스캔해 두는 등 준비를 해 두는 것이 좋다. 대리인이 신고하는 것도 가능하다.

후순위 상속인이 선순위 상속인보다 먼저 한정승인의 신고를 하는 것도 일단 받아준다. 그 후 선순위 상속인의 한정승인 또는 단순승인이 확정되면 후순위 상속인이 한 한정승인의 신고는 무효가 된다.

그러나 선순위 상속인과 후순위 상속인이 동시에 한정승인 신고를 하면 법원이 부적법하다 하여 각하한다.

ⓑ 재산목록 첨부 등

한정승인신고서에 첨부하는 재산목록은 대법원 전자민원센터 양식모음에 작성 예시까지 친절하게 게시되어 있다. 그 양식에 상속적극재산과 상속채무를 구분하여 성실하게 작성하여 제출하면 된다.

일반 한정승인 신고가 아닌 '특별'한정승인 신고를 하는 경우에는, 이미 처분한 재산이 있는 때에는 그 목록과 가액도 함께 제출해야 한다.

채무초과 상속인지 불분명하여 상속채무를 특정하지 아니하고 단지 적극재산의 한도 내에서 상속채무를 부담하겠다는 취지만 밝힌 경우에도 접수해 준다.

그러나 '특별'한정승인 신고는 일반한정승인 신고와 다르다. 상속채무가 적극재산을 초과한다는 취지가 명시되어야 한다.

따라서 채무초과 상속인지 불분명하거나, 채무보다 적극재산이 더 많은 것으로 기재된 '특별'한정승인 신고는 부적법한 것으로 각하 대상이 된다.

ⓒ 한정승인 신고 수리의 효과

가정법원의 한정승인 신고 수리는 신고의 형식과 적법성만 심리할 뿐 내용의 타당성이나 실체적 요건을 갖추었는지 등은 심리하지 않는다. 특별한정승인의 경우도 마찬가지이다.

실체적 요건은 민사소송에서 결정될 문제이다. 그렇지만 한 번 한정승인의 신고가 수리되어 확정되면 고려기간 내에도 철회할 수 없다.

5) 한정승인은 단점보다 장점이 훨씬 많다.

ⓐ 상속인의 순위가 후순위로 이전되지 않는다.

그러므로 친척들이 피상속인의 부채가 많았다는 사실을 알지 못하고 그로써 피상속인의 명예를 보호하며 이종사촌들까지 상속포기 등 절차 때문에 법원을 오가는 부담과 불편을 줄일 수 있다.

그런 이유로 채무초과 상속에서 배우자와 자녀들이 상속인이 된 경우, 배우자 혼자 한정승인을 하고 자녀들은 전부 상속을 포기하든지, 또는 자녀 중 여유가 있는 한 사람이 한정승인을 하고 나머지 상속인들은 전부 상속을 포기한다.

ⓑ 한정승인을 하더라도 사망보험금 등은 받을 수 있다.

사망보험금, 유족연금, 퇴직연금, 교직원 공제회 급여금 등은 수령하여 제한 없이 사용할 수 있다. 상속인의 고유재산이기 때문이다.

사례를 보면, A씨가 운전 중 그의 과실에 의한 사고로 본인과 동승자가 모두 사망하였는데 A씨와 동승자 모두 B 보험사의 자동차보험에 가입되어 있었다.

보험사는 동승자들의 유족에게 사망보험금을 지급한 다음 A씨가 사고를 일으켰다는 이유로 A씨 본인의 사망에 따른 보험금의 지급을 거절하였나.

이에 A씨의 상속인은 한정승인을 하였는데 법원은 보험사의 상계를 무효라고 하면서 A씨의 상속인에게 사망보험금을 지급하라고 판결하였다. (대법원 2022다 254154 판결)

법리는 이렇다. A씨의 상속인이 한정승인을 하였다. A씨의 사망에 따라 상속인이 받을 사망보험금은 그 상속인의 고유재산이다.

반면, A씨의 운전과실에 따른 구상채무는 상속채무이고 이는 상속재산을 한도로 변제하면 된다. 따라서 상속인이 받을 사망보험금, 즉 상속인의 고유재산과 구상채무, 즉 피상속인의 채무를 상계하는 것은 불가하다는 것이다.

ⓒ 한정상속인도 유류분권이 있다.

사례를 보면, 시한부선고를 받은 K씨가 사망하기 8개월 전에 자신이 가입한 보험계약의 사망보험금 수익자를 이성 친구로 변경하고 사망하였는데 상속개시 당시 상속채무가 더 많았다.

이에 절차를 간소화하기 위해 자녀들은 모두 상속을 포기하고 배우자만 한정승인을 한 다음, 망인의 이성 친구를 상대로 유류분반환을 청구하여 보험금의 약 45%를 반환받았다.

ⓓ 선택할 시간이 부족할 때 유용하다.

피상속인의 재산과 채무를 정확하게 파악할 시간은 부족한데 상속적극재산보다 상속채무가 더 많은 것 같으면 일단 한정승인신고를 해 두면 유리하다.

나중에 채무초과 상속으로 밝혀지면 상속받은 재산을 한도로 변제하면 되고 반대로, 상속적극재산이 더 많은 것으로 밝혀지면 상속채무를 변제하고 남은 재산을 상속할 수 있기 때문이다.

ⓔ 취득세, 양도소득세 등은 책임지지 않는다.

채무초과 상속에서 한정승인을 하면 상속재산과 채무를 청산하는 과정에서 발생하는 취득세, 양도소득세 등 비용과 상속세를 상속인의 고유재산으로 부담해야 한다고 말하는 사람도 있다. 잘못 알고 하는 말이다.

청산과정에서 발생하는 취득세, 양도소득세, 소유권이전 등을 위한 법무사 보수, 공과금, 상속채무에 관한 공고·최고 비용, 수리비, 변제비용, 경매비용, 상속재산의 관리와 보존을 위한 소송비용, 보존등기비용, 재산목록 작성비용, 관리인 선임비용, 상속재산에 대한 조세, 아파트 관리비용, 장례비용, 유언의 집행비용 등은 상속재산에서 지급한다. 따라서 한정상속인의 고유재산으로 부담할

의무가 전혀 없다.

양도소득세 납세의무가 있다고 해서 그의 고유재산으로 세금을 내라는 뜻이 아니다. 상속받은 재산을 한도로 납세의무를 부담한다. 그게 책임의 한계다.

일부에서, 상속채권자가 한정상속인을 상대로 대여금반환 소송을 걸면 당연히 한정상속인이 패소하는데, 빚은 갚지 않아도 되지만 상대방의 변호사 비용 중 일부를 패소한 한정상속인이 부담한다고 말한다. 잘못 알고 하는 말이다. 그 경우 법원은 '소송비용은 각자 부담하라'고 판결한다.

또 한 가지, 한정상속인도 상속세를 피할 수는 없다는 말도 있으나, 엄밀하게 말하면 한정승인과 상관 없는 말이다.

상속세 과세가액은 총상속재산에서 상속채무를 공제하여 산출하는데 채무초과 상속에서는 과세가액이 마이너스다. 과세가액이 없다. 그러므로 한정상속인은 실제로는 상속세를 부담하지 않는다.

다만, 그 한정상속인이 상속세 과세가액에 산입되는 사전증여재산을 받은 것이 있다면 그에 따른 상속세를 부담할 가능성은 있다.

반면, 한정승인의 기준이 되는 채무초과 상속 여부는 상속개시 당시를 기준으로 하고 그 기준에 따라 상속적극재산을 초과하는 상속채무에 대한 상환의무를 제한하는 것이므로 사전증여재산과 한정승인은 사실 상관이 없다.

한정승인신고를 했는데 알고 보니 적극재산이 더 많았고 상속채무를 공제하고 남은 재산에 대해 상속세를 내는 것은 채무초과 상속도 아니고 애초 한정승인 신고가 아니라 단순승인을 했어야 하므로 한정상속인도 상속세를 부담한다는 말과 맞지 않는다.

한편, 한정승인업무 자체를 한정상속인이 수행하지 않고 법률전문가에게 의뢰하는 경우 그에 소요된 비용을 상속비용으로 인정하여 상속재산에서 우선 지급할 수 있는지 여부에 대해서는 아직 확립된 판례가 보이지 않는다.

그러나 한정승인과 비슷한 상속재산파산의 경우 이를 인정하지 않고 있는 점에서 한정상속인이 스스로 청산절차를 수행하든지 아니면 감당해야 할 것으로 보인다.

ⓕ 한정상속 청산절차, 혼자서도 할 수 있다.

한정상속인 스스로 청산업무를 처리하는 경우도 많다. 그만큼 일반인들의 법률지식이 높아졌다는 뜻이고 법원과 등기소의 업무 시스템도 발전했다는 뜻이다.

그렇지만 채권자를 상대하고 채무를 청산하는 과정이 그리 쉬운 일은 아니다. 특히 청산할 재산이나 채무가 복잡하면 더더욱 그렇다.

그러나 실제 청산절차를 진행한 여러 명의 한정상속인의 말에 의하면, 초기와 중간에 법률전문가와 상담한 것 외에는 큰 부담은 없었다고 한다.

특히 채권자들이 한정상속인보다 법을 너무 잘 알고 있고, 도리어 상속포기를 하지 않아 고맙다고 하면서 채권자들끼리 우선순위를 확정하여 한정상속인과 협력하면서 청산업무를 빠르게 진행할 수 있었다고 하였다.

상속포기의 경우 4순위 상속인까지 상속을 포기하는 데 시간이 많이 걸리고 그 후 법원에서 청산하게 되면 채권자들이 오히려 불리하다고 하였다.

나아가 채권자들이 한정상속인에게 최우선적으로 청산절차에 소요된 비용을 공제하라고 허용해 주었고 특히 최종배당표에 상속채권자 전원의 서명·날인을 받음으로써 사후 분쟁의 소지도 없게 했다고 자랑하였다. 참고할 부분이다.

ⓖ 상속재산 파산제도

채무초과 상속에서는 채무자회생법에 의한 상속재산 파산제도를 이용할 수도 있다. 법원에서는 이 제도를 적극 홍보하는데 실제 이용률은 저조한 편이다.

이 제도를 이용했던 사람들이 추천하지 않는다. 한정상속인이 국가재산을 훔친 범죄자 취급을 받아야 하느냐고 반문한다. 그래서 더 이상 언급하지 않는다.

6) 한정승인 후 청산절차

가) 채권자에 대한 공고 및 촉구

한정상속인은 한정승인신고의 수리심판이 본인에게 고지된 날로부터 5일 내에 일반상속채권자와 유증받을 사람에 대하여 한정승인을 한 사실과 일정한 기간 내에 그 채권 또는 수증을 신고할 것을 2개월 이상 공고하여야 한다.

공고는 관할 지방법원장이 지정한 일간신문에 1회 이상 공고한다. 보통 법무사에게 의뢰한다. 다만, 한정상속인이 이미 알고 있는 채권자에 대해서는 직접 연락해야 한다. 그 채권자가 채권의 신고를 하지 않았다 해도 그를 청산에서 제외할 수 없다.

또한 공고기간이 만료되기 전에는 누구에게든지 변제하면 안 된다. 변제순서는 ① 청산비용 등 상속에 관한 비용 ② 우선권 있는 상속채권자 ③ 일반상속채권자 ④ 특정수유자의 순으로 하여야 한다.

나) 우선권 있는 채권자에 대한 변제

저당권, 질권 등의 담보물권을 설정해 두었거나 해당 물건에 대한 조세채권, 최우선변제 임대차보증금 등은 다른 채권보다 우선적으로 변제해야 한다. 우선권 있는 채권자는 상속이 개시된 후 공고기간에 제한받지 않고 언제든지 해당재산에 대해 강제집행을 할 수도 있다.

다) 일반채권자에 대한 비율변제

채권자에 대한 공고기간 만료 후 그 기간 내에 신고한 채권자와, 한정승인자가 알고 있는 채권자에 대하여 상속재산으로 각 채권액의 비율로 변제해야 한다. 변제기에 이르지 않은 채권도 변제해야 한다.

특별한정승인을 하는 경우에는 남아 있는 상속재산과 함께 이미 처분한 재산의 가액을 합하여 변제해야 한다. 다만, 한정승인을 하기 전에 상속채권자나 유증받은 사람에 대해 이미 변제한 가액은 이미 처분한 재산이 아니다.

보통, 공고기간이 지나면 상속채무와 상속적극재산 내역을 상세하게 정리하고 채권자의 주소 등을 확보한 다음 관련 부동산등기부 등을 첨부하여 채권자들에게 우편 등으로 통지하고 그들과 협의하여 집회 날짜와 장소를 공지한다.

그 집회에서 상속재산으로 채권자별 채권액에 따라 안분비례 배당할 비율 및 청산방법 등이 정해지고 한정상속인과 채권자 전원이 합의서를 작성한 다음 한정상속인이 필요한 후속 절차를 진행하여 청산절차를 종료한다.

부동산 등의 상속재산을 매각하여 변제해야 하는 경우 경매를 통해 매각해야 하는 것이 원칙이다. 그러나 임의매매로 처분하더라도 ① 경매 가격보다 높은 가격에 매각이 되는 물건도 있고 ② 경매에 비해 짧은 기간에 정리가 되고 ③ 비용도 절약할 수 있으므로 상속인과 채권자 모두에게 유리하다.

다만, 임의매매를 하려면 그 전에 채권자들의 동의를 받아 둘 필요가 있다.

공고기간 내에 신고하지 않은 채권자 및 유증받을 사람은 상속재산의 잔여가 있는 경우에 한하여 그 변제를 받을 수 있다. 다만, 상속재산에 대하여 저당권 등의 특별담보권이 있는 때에는 신고하지 않아도 변제받을 수 있다.

일반채권자에 대한 변제를 완료한 후에도 상속재산이 남아 있다면 특정유증을 받을 사람에게 준다.

라) 정신을 바짝 차려야 한다.

한정상속인이 채권자에 대한 공고·촉구를 게을리하거나, 배당변제 규정에 위반하여 어느 상속채권자나 유증받을 사람에게 변제함으로써 다른 상속채권자나 유증받을 사람에 대하여 변제할 수 없게 된 때에는 한정상속인은 그 손해를 배상해야 한다.

7) 상속채권자로부터 소송을 당하면 대응하는 방법

한정승인 신고를 하기 전 또는 신고는 했으나 법원에서 수리되기 전에 소송을 당한 경우에는 우선 답변서와 한정승인 신고 접수증부터 제출하고, 그 후 심판문이 오면 추가로 제출하면 된다.

한정승인이 결정된 후에 소송을 당한 경우에는 답변서와 한정승인 심판문을 바로 제출하면 된다. 2심 변론종결 전까지 가능하다.

물론, 한정상속인이 아무 대응을 하지 않아 상속채무 전액을 갚으라는 판결이 확정되고 상속인의 고유재산에 대해 강제집행이 되더라도 청구이의 소를 통해 피해를 막을 수는 있다. 그러나 답변서만 제출하면 간단하게 해결될 일을 게을리하여 적지 않은 소송비용까지 부담한다는 것은 합리적이지 않다고 본다.

라. 상속포기

1) 처음부터 상속인이 아닌 것으로 된다.

주로 채무초과 상속에서 아예 상속인의 지위에서 완전하게 벗어남으로써 상속으로 인한 어떤 부담도 지지 않으려고 할 때 선택하는 방식이다.

상속을 거절하는 것이다. 그 상속에서 제3자로 전환되는 효과가 생긴다.

2) 상속포기 방식 – 상속개시 전 상속포기 약정 무효!

상속포기는 상속이 개시된 후 고려기간 내에 법원에 상속포기의 신고를 해야 효력이 있다. 그 외의 방식으로 한 상속포기는 법적으로는 효력이 없다.

말로 "나는 안 받겠다."라고 선언하더라도 효력이 없다. 아주 중요하다.

그뿐만이 아니다. 상속개시 전에 상속을 포기하겠다는 약정을 해도 무효이다.

부모님이 돌아가시더라도 절대 상속권을 주장하지 않겠다고 각서를 썼던 아들이 막상 부모님이 돌아가시자 상속분을 달라고 하면 줘야 한다. 이런 경우가 적지 않다. 꼭 기억해야 할 부분이다.

그리고 후순위 상속인이 선순위 상속인보다 먼저 상속포기의 신고를 할 수도 있고 선순위 상속인과 동시에 상속포기의 신고를 할 수도 있다.

반면, 한정승인의 경우에는 선순위 상속인과 후순위 상속인이 동시에 한정승인 신고를 하면 상속포기와는 다르게 부적법하다 하여 이를 각하한다.

상속포기의 신고는 피상속인의 최종 주소지를 관할하는 가정법원에 상속재산포기 심판청구서를 제출해도 되고 인터넷 전자소송 홈페이지에서 인감증명서, 제적등본 등을 스캔하여 제출하는 방법으로 쉽게 할 수도 있다. 대리인이 신고해도 된다.

상속포기는 한정승인과 다르게 재산목록을 첨부할 필요도 없고 채무초과 상속임을 증명할 필요도 없다. 상속을 포기한다는 뜻만 기재하면 그것으로 족하다.

3) 상속을 포기하면 변하는 게 많다.

가) 처음부터 상속인이 아니었던 것으로 된다.

상속포기의 신고는 상속개시일로부터 3개월 이내에 하면 되지만 상속포기의 신고가 수리되면 그 상속인은 상속개시 당시로 소급하여 처음부터 상속인이 아니었던 것으로 된다. 상속인의 지위가 소멸한다. 이를 소급효라고 한다.

나) 상속인의 순위가 이전된다.

본래 상속포기는 개인별 선택이다. 그러나 현실에서 상속포기는 주로 채무초과 상속에서 상속인들이 상속채무로부터 벗어나기 위한 목적으로 상속인 전원이 상속을 포기하는 형태로 나타난다.

그런데 선순위 상속인 전원이 상속을 포기하면 그것으로 끝나는 것이 아니다. 상속인의 순위가 후순위로 이전된다.

예를 들어 피상속인의 배우자와 자녀 전원이 상속을 포기하더라도 그것으로 끝나지 않고 손자녀와 외손자녀들도 상속을 포기해야 한다.

그 후에도 부모와 조부모는 물론 사촌들과 외갓집 식구들, 심지어 피상속인의 이종사촌들까지 상속포기를 위해 법원에 가야 한다.

이렇다 보니, 평소 피상속인은 물론 그 가족들과 연락도 없고 얼굴도 모르던 친척들까지 상속을 포기하기 위해 법원에 가야 하고 피상속인의 채무내용을 알게 됨으로써 피상속인의 명예가 훼손되는 문제가 있다.

그러나 알고 보면 합리적인 방법이 없는 것도 아니다. 선순위 상속인 중에서 단 한 사람만 한정승인을 해서 상속채무 청산업무를 부담하고 다른 상속인은 상속을 포기하면 상속의 순위가 후순위로 이전되지 않는다.

예를 들면, 채무초과 상속에서 배우자 또는 자녀 중 한 사람만 한정승인을 하고 나머지 상속인들은 상속을 포기하면, 한정승인을 한 그 상속인의 단독상속으로 되고 더 이상 후순위로 이전되지 않고 종결된다.

한 사람만 청산부담을 감당하면 여러 사람이 편하다. 최근 이런 선택을 하는 상속인이 늘고 있다.

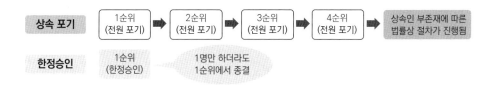

한 가지 사례를 추가한다. 남편이 많은 채무를 남기고 사망하자 그 배우자와 자녀 전원이 상속을 포기하였다. 그 다음 피상속인의 직계존속인 시어머니가 상속인이 되어 남편의 채무를 상속하게 되었는데 법원에 상속포기의 신고를 하기도 전에 시어머니도 사망하였다.

그로써 배우자와 자녀들이 사망한 남편을 대신하여 시어머니를 대습상속하게 되었다.

이에 배우자와 자녀들이 "남편에 대하여 이미 상속을 포기하여 상속인이 아니므로 시어머니를 피상속인으로 하는 상속에서는 대습상속인이 될 수 없다."라며 상속포기의 신고를 하지 않았다.

이에 대법원은, 남편에 대하여 상속을 포기하는 것과 대습상속인으로서 상속을 포기하는 것은 별개이며, 남편에 대한 상속포기 당시 시어머니는 생존해 있었으므로 남편에 대한 상속포기를 시어머니에 대한 상속포기로 인정하면 생전 상속포기가 되어 인정할 수 없다며 배우자와 자녀들이 시어머니의 상속을 단순승인한 것으로 의제하여 결국 남편의 채무를 모두 책임지게 되었다.

다) 한 끗 차이 – 본위상속과 대습상속

상속포기는 대습상속의 사유가 아니다. 그래서 상속을 포기하면 그의 배우자나 자녀들은 상속받을 수 없다. 예를 들어, 상속인으로 자녀 A와 B가 있고 그 상속인들에게 각 배우자와 자녀들이 있는 경우, A만 상속을 포기하면 B가 단독으로 상속하게 되고 A의 배우자와 자녀들은 상속하지 못한다.

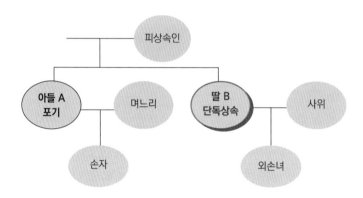

그런데 A뿐만 아니라 B도 상속을 포기하면 A와 B의 자녀들이 본위상속을 하게 된다. 대습상속이 아니다. A와 B의 각 배우자들은 상속권이 없다.

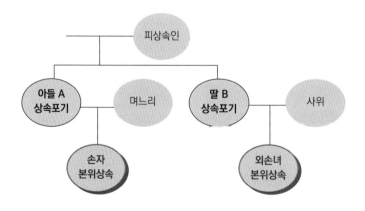

반면, A가 피상속인보다 먼저 사망하였다면 A의 배우자와 그 자녀들은 공동으로 A의 대습상속인의 지위로서 A의 상속분을 그들의 각 법정상속분에 따라 받는다. A의 배우자는 이 경우에만 대습상속인이 된다. B는 당연 상속인이다.

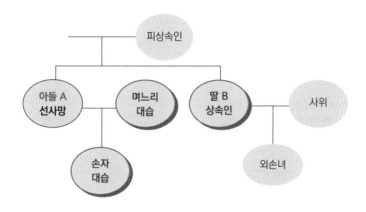

라) 상속분을 양도하는 방법도 있다.

공동상속인 중에 일부만 상속을 포기하면 그 포기한 상속분은 포기하지 않은 상속인들에게 그들의 법정상속분에 따라 나누어 귀속된다. 그러니까 배우자만 한정승인을 하고 나머지 상속인들이 상속을 포기하면 배우자 단독상속이 된다.

그런데 채무초과 상속이 아닌데도 다른 공동상속인들과 사이가 나쁘다는 등의 이유로 상속재산분할에 참여하는 것이 곤란하고 그렇다고 상속분을 포기하는 것도 싫은 사람이 있다.

이런 경우에는 자기의 상속인의 지위 자체를 믿을 만한 사람에게 양도하면 된다. 양도하는 방법에는 제한이 없지만 서면으로 하는 것이 좋다. 그러면 상속분을 양수한 지인이 상속인과 동일한 권리를 행사할 수 있다.

마) 유류분권도 사라지고 기여분도 주장할 수 없게 된다.

상속을 포기하면 상속권이 없다. 그에 따라 상속권이 있는 것을 전제로 하는 유류분권도 사라지고 상속인만 주장할 수 있는 기여분도 주장할 수 없게 된다.

사실 상속을 포기할 때는 모든 것을 포기하기 때문에 이런 말이 필요 없지만 한정승인을 하면 유류분권이 유지되면서도 상속채무에서는 책임이 제한되기 때문에 비교하여 말하는 것이다.

4) 상속을 포기해도 받을 건 다 받는다 – 전략적 상속포기

가) 사망보험금, 유족연금, 공제회 급여금 등 수령

특별수익과 유류분에서 이미 설명하였지만, 사망보험금과 유족연금, 퇴직연금, 공제회 급여금, 유언대용신탁의 수익권 등은 상속재산이 아니고 수익자인 상속인의 고유재산이다. 상속개시 전에 이미 증여한 재산이라고 본다.

상속을 포기하더라도 받을 수 있다. 받더라도 그 돈으로 상속채무를 갚을 의무도 없다.

어떤 사람은 반드시 상속포기신고를 해야 사망보험금 등을 받을 수 있고 한정승인을 하면 못 받는다고 말하는 사람이 있는데 이는 잘못 알고 하는 말이다.

한정승인을 하든, 상속포기를 하든, 단순승인을 하든 모두 받을 수 있다.

나) 유류분반환 회피

오래 전부터 피상속인으로부터 여러 번 증여를 받아 특별수익이 자신의 상속분을 훨씬 초과하고 다른 상속인의 유류분을 침해하는 상속인이 있을 수 있다. 외동아들이나 장남인 경우가 많다. 유류분반환 청구의 대상이 될 수 있다.

그런데 상속인이 증여받은 것은 기간의 제한이 없지만 제3자가 받은 것은 상속개시 전 1년간 행한 것이거나 또는 이전의 것이라도 당사자 쌍방이 유류분권리자에게 손해를 가할 것을 알고 증여한 것만 유류분반환의 대상이 된다.

바로 이때 (상속채무가 전혀 없음에도) 초과특별수익자가 전략적으로 상속을 포기하는 경우가 있다. 이렇게 되면 초과특별수익자는 제3자로 전환된다.

이에 따라 유류분반환을 청구하는 사람은 증여 건별로 증여시기를 증명해야 하고, 증여 건별로 '당사자 쌍방이 유류분권리자에 손해를 가할 것을 알고 한 증여'라는 점을 증명해야 한다.

생각보다 쉽지 않다. 증거를 확보하기 어렵다. 바로 이런 점을 노리고 초과특별수익자가 전략적으로 상속을 포기하는 것이다.

다) 상속채무 분담의무 회피

금전채무는 상속개시와 동시에 법정상속분에 따라 공동상속인에게 귀속된다. 구체적인 상속분이 있든 없든 상관 없다.

이런 법리로 인해 상속개시 당시에는 받을 지분이 없음에도 상속채무는 법정상속분만큼 분담해야 하는 사람이 있다. 바로 초과특별수익자이다.

이 초과특별수익자가 상속채무의 분담책임에서 벗어날 목적으로 전략적으로 상속포기신고를 하는 경우가 있다. 제3자가 되면 상속채무의 분담 책임에서 자유롭다. 간단한 예를 들어 설명하면 이렇다.

피상속인에게 상속인으로 아들 1명과 딸 1명이 있다. 상속개시 당시 상속적극재산이 80이고 상속채무가 40이다. 그리고 아들은 이미 100을 증여받았다.

① 아들이 전략적으로 상속을 포기한 경우

딸이 단독으로 상속하게 되므로 상속적극재산 80으로 상속채무 40을 변제하고 남는 40이 상속이익이다. 반면 아들은 증여받은 100이 그대로 상속이익이다.

② 아들이 상속을 포기하지 않고 3개월이 지나 단순승인이 된 경우

  - 상속적극재산분할

  간주상속재산 = 180 (아들의 특별수익 100 + 상속적극재산 80)

  법정상속분 180 ÷ 2 = 90 (아들과 딸 동일함)

  구체적인 상속분(1)

   아들: 90 - 특별수익 100 = △ 10 (초과특별수익자)

   딸: 90 - 특별수익 0 = 90 - 아들의 초과특별수익 분담 10 = 80

  - 상속채무 분할

  상속채무 40 ÷ 2명 = 각 20

  구체적인 상속분(2)과 상속이익

   아들: 특별수익 100 - 상속채무 분담 20 = 상속이익 80

   딸: 구체적인 상속분 80 - 상속채무분담 20 = 상속이익 60

위의 경우를 보면 채무초과상속은 아니지만 초과특별수익자인 아들이 전략적으로 상속을 포기함으로써 상속채무 분담책임에서 벗어나고 그로써 상속이익 20을 보전할 수 있다.

반면 아들이 가만히 있으면 상속채무만 20을 책임져야 하므로 그만큼 상속이익이 줄어든다. 이것이 전략적인 상속포기다.

라) 상속을 포기해도 유증은 받을 수 있다.

유증받은 건물은 자신의 이름으로 하고 싶은데 다른 상속인들과 사이가 너무

나빠 분할협의는 물론 상속에 대해 말하는 것조차 거북한 경우도 있다.

이런 경우 전략적으로 상속을 포기하면 상속재산분할 등 사후처리 부담에서는 벗어나면서도 유증은 받을 수 있다.

마) 아버지를 위해 상속을 포기하라!

어머니가 아파트 한 채를 남기고 사망하였다. 상속인은 아버지와 4남매가 있었는데, 당시 막내아들은 9억 원이 넘는 국세를 체납하고 있었다.

이에 자녀들은, 어머니의 상속채무가 없었기 때문에 상속포기는 전혀 생각하지 못하고 아버지의 노후만 염려하여 아파트를 아버지 단독소유로 하는 상속재산분할협의서를 작성하여 이전등기를 완료했다.

그러자 국세청에서, 막내아들의 법정상속분에 해당하는 11분의 2 지분은 사해행위라는 이유로 취소권을 행사하면서 가액반환을 청구하였다.

하급심은 그 재산형성에 아버지가 배우자로서 기여한 부분이 많다는 이유로 사해행위가 아니라고 하였으나 대법원은 사해행위가 맞다고 하였다. (대법원 2024다208315 판결)

위 예시에서 막내아들이 상속을 포기했다면 어떻게 될까? 상속을 포기한 막내아들은 처음부터 상속인이 아니기 때문에 사해행위 여부를 논할 수 없다. 그러므로 아버지는 아파트의 소유권을 안전하게 확보하게 된다.

아버지를 위해서라면 전략적으로 상속을 포기하는 것이 유리하다.

상속재산분할협의는 왜 사해행위가 되고 상속포기는 왜 아닐까? 상속재산은 상속개시와 동시에 자동적으로 법정상속분에 따라 상속인에게 귀속된다. 분할협의는 이미 귀속된 상속분을 조정하고 확정하는 기능을 한다.

그러니까 이미 보유하고 있는 자기의 재산을 처분하는 것이 되고 그로 인해 채권자에 대한 책임재산이 감소하였으므로 사해행위가 될 수 있는 것이다.

반면, 상속을 포기해 버리면 처음부터 상속인이 아니었던 것이 되고 그에 따라 상속재산이 상속포기자에게 귀속된 적이 아예 없기 때문에 재산의 처분행위가 될 수 없고 따라서 책임재산이 감소된 것도 아니므로 사해행위가 아닌 것이다.

5) 미성년 상속인의 상속포기신고

피상속인의 미성년 자녀와 배우자가 공동상속인이 되는 경우 전원이 상속을 포기할 때는 배우자가 그 미성년 자녀를 대리하여 상속을 포기할 수 있다.

반면, 배우자는 한정승인(또는 단순승인)을 하고 미성년 자녀들은 상속을 포기하는 경우 반드시 자녀들마다 특별대리인을 선임하여 그 사람이 미성년 자녀를 대리하여 상속포기의 신고를 해야 한다.

미성년 자녀가 단순승인을 하는 경우에는 별도로 단순승인을 하는 절차가 없으므로 대리권을 논할 이유가 없다.

6) 상속포기 후 소송을 당하면 반드시 답변서를 제출해야 한다.

상속포기 신고를 한 상속인에게 상속채권자가 소송을 걸어오는 경우가 있다. 그 경우 상속인은 답변서와 함께 상속포기 심판문을 제출하여야 한다.

그럼에도 불구하고 상속을 포기했다는 이유로 상속포기 심판문이나 답변서도 제출하지 않고 완전히 무시하는 사람이 있다. 대단히 위험한 행동이다.

그 경우 상속포기자의 패소가 확정되면 특별한 사정이 없는 한 상속을 승인한 것과 다름없는 효과가 발생하여 자신의 고유재산으로 상속채무를 갚아야

한다. (대법원 2008다79876 판결)

　한정승인의 경우에는 나중에 구제받는 방법이라도 있지만 상속포기의 경우는 게으름을 구제받을 방법이 없다. 한정승인과 상속포기는 다르다.

11장

돈 안 드는 보험,
보험료 없는 보험
⇒ 유언에 가입하자!

11장 돈 안 드는 보험, 보험료 없는 보험 ⇒ 유언에 가입하자!

가. 대통령 가족도 피하지 못한 유언분쟁

전직 대통령 중에 재혼한 분이 계시는데, 재혼하여 자녀 1명을 낳았지만, 전 부인과의 사이에 낳은 자녀 2명은 재혼한 부인의 양자로 입양하지 않았다.

그 대통령이 재혼 부인에게 노벨상 상금 등 재산을 승계하고 사망했는데, 재 혼 부인은 사저를 포함한 재산을 이복자녀들까지 포함하여 3명이 공평하게 나 누라는 구수증서 방식의 유언을 남기고 사망하였다.

그런데 그 유언이 ⓐ 7일 이내 검인을 받아야 하는 규정을 지키지 않았고 ⓑ 다른 방식의 유언을 할 수 없는 급박한 사정이 있어야 하는 조건도 성립되지 않 아 효력이 없게 되었다. 또한 자녀 3명이 그 유언에 따르기로 합의서를 작성하기 는 했으나 그것을 사인증여로 보기도 어렵다는 것이었다.

> ※ 합의서대로 하면 원래 단독으로 상속할 막내아들의 상속분이 9분의 7 이상 줄어드는
> 데 이는 상속이 개시되기 전에 상속을 일부 포기하는 결과가 되어 그 자체로 효력이
> 없고, 가장 많은 재산을 받을 단체는 서명을 하지 않아 그 부분은 효력이 없는데, 일부
> 수증자에 대해 무효이면 전부가 무효라는 대법원 2022다302237 판결에 따르면 해당
> 문건이 사인증여로 인정되기는 어려울 것으로 보인다.

이에 재혼 부인의 친생자인 막내아들은, 자신만이 유일한 상속인임을 주장하 며 전직 대통령의 사저를 처분한 것으로 알려졌다. 대통령과 영부인 주변에 법 률가들이 있었지만 정작 자녀들 사이의 분쟁과 사저 매각을 막지 못했다.

유언은 임종을 앞두고 하는 것이 아니다. 유언을 한다고 해서 금방 죽는 것도 아니다. 언제 사망할지는 아무도 모른다. 사망 시기를 알고 유언을 하는 것은 불가능하다.

유언은 건강할 때 가입하는 보험이다. 갑자기 사망해도 본인의 뜻을 실현하고 가족들의 다툼을 방지할 수 있다. 그야말로 돈 안 드는 보험이고, 보험료 없는 보험이다.

나. 유언원칙

ⓐ 유언은 민법이 정한 요건과 방식에 따라야 효력이 있고 그 요건과 방식에 어긋난 유언은 비록 유언자의 진정한 의사에 합치하더라도 무효가 된다.

법정 요건과 방식에 어긋난 유언을 상속인들이 인정하기로 합의해도 법적으로 유효하게 되는 것이 아니다. 유언 요건과 방식의 흠결은 치유되지 않는다.

유언을 할 때 유언방식에 맞게 유언을 했다면 그 후 관련 규정이 바뀌더라도 유언의 효력은 유지된다.

ⓑ 누구든 의사능력이 없는 상태에서 한 유언은 효력이 없다. 유언은 대리가 허용되지 않는다. 반드시 유언자 스스로 해야 한다.

그래서 유언 당시 의사능력이 있었는지 없었는지 다툼이 자주 발생한다. 그렇지만 뚜렷한 기준이 정립되기는 어렵다. 법관이 개별적인 사안마다 유언 당시의 여러 사정을 살펴 유효 여부를 판단한다.

ⓒ 유언은 만 17세 이상인 사람이 한 것만 유효하다. 17세 미만인 상태에서

한 유언은 법정대리인의 동의를 받고 했더라도 무조건 효력이 없다.

ⓓ 의사능력(意思能力)이 결여되어 성년후견인을 두고 있는 사람도 의사능력이 회복된 때에는 유언을 할 수 있다. 의사(醫師)가 의사능력 회복을 유언서에 부기하고 서명·날인하거나 녹음유언에 그 취지와 성명 등을 녹음하면 된다.

그러나 한정후견인을 두고 있는 사람(피한정후견인)은 의사(醫師)의 확인이 없어도 단독으로 유언을 할 수 있다.

ⓔ 유언에 의해 이익을 받는 것에도 제한이 있는 사람이 있다. 상속을 포기한 사람은 제3자로서 유증은 받을 수 있지만, 상속결격자는 유증결격자가 되므로 특정유증이든, 포괄유증이든 받을 수 없다.

ⓕ 유증을 받을 수유자가 상속개시 당시 이미 사망하였거나 법인인 수유자가 해산하였다면 그 유증은 효력이 없다.

그렇지만 대신 받을 사람(보충수유자)을 유언으로 지정해 두었다면 그 사람이 받을 수는 있다. 태아도 유증을 받을 수 있지만 출생해야 효력이 있다.

ⓖ 유언은 언제든지 철회할 수 있다. 유언을 여러 번 한 경우 사망일에 가장 가까운 유언이 우선한다. 이 부분은 아주 중요하므로 뒤에 별도로 설명한다.

ⓗ 유언은 유류분에 의해 제한받을 수 있다. 유증한 재산으로 인해 유류분이 침해되는 상속인이 있으면 유류분반환의 대상이 될 수 있고 피상속인의 뜻이 실현되지 못할 수도 있다. 유언의 한계라고 할 수 있다.

ⓘ 법정형식을 준수하여 유언을 한 경우에도 효력이 있는 내용이 있고 효력이 없는 것도 있다. 법적인 효력이 없는 유언은 상속인 등이 그에 따르면 좋지만 따르지 않아도 강제할 방법은 없다. 그러나 결정적인 영향을 미치기도 한다.

예를 들어 제사를 주재하는 자를 지정하는 내용, 장례방법을 지정하는 내용, 화장을 금지하는 내용 등은 유언으로 하더라도 상속인들이 따르도록 강제할 방법은 없다. 이는 개인의 신념과 자유를 침해할 수도 있기 때문이다.

하지만 제사주재자를 두고 다툼이 생겼을 때 법원이 제사주재자를 결정하는 데 있어 이런 내용의 유언은 결정적인 영향을 미칠 수 있다.

뿐만 아니라 유류분반환 청구, 특별수익 인정 여부, 기여분청구 사건 등에서도 법관은 피상속인의 뜻을 가급적 존중하려 하기 때문에 이런 내용의 유언은 법원의 결정에 큰 영향을 미친다. 유언은 보험료 없는 보험이다.

1) 이런 내용의 유언을 하면 법적인 효력이 발생한다.

친생부인	근로기준법상 유족보상 순위 지정
인지	산재보험법상 유족급여 순위 지정
미성년후견인의 지정	선원(어선원) 유족보상 순위 지정
미성년후견감독인의 지정	우편계좌 가입자의 권리양도
유증/채무면제	시신의 학술연구이용 승낙
재단법인 설립	시신의 학술연구이용 승낙(군인)
상속재산 분할방법 지정 및 위탁	노숙인 장례절차 지정
상속재산 분할금지	장애인 장례절차 지정
유언집행자 지정 및 위탁	군 영결식 집행자 지정
신탁의 설정	시체 해부에 관한 동의
저작권등록자 지정	신탁수익자 지정권행사
상속의 준거법 지정	무연고 사망자 장례주관자 지정
장기기증에 관한 동의	상속권상실

※ 위 내용은 관련 법률의 제정 또는 개정에 따라 변경될 수 있다.

2) 이런 내용은 유언을 하더라도 법적인 효력은 없다. (예시)

① 특정인을 자식으로 입양한다.

② 애완견에게 재산을 준다.

③ 내 빚을 반드시 갚아라.

④ 가훈을 지켜라.

⑤ 한 달에 한 번 이상 부모에게 문안 인사를 하라.

⑥ 이혼을 금지하고 재혼도 금지한다.

⑦ 30세 이전에 결혼하라.

⑨ 자녀는 반드시 3명 이상 낳아라.

⑩ 절대 사업은 하지 마라.

⑪ 보증 서는 것을 금지한다.

⑫ 사적으로 돈을 빌려주는 것을 금지한다.

⑬ 음주와 흡연을 금지한다.

⑭ 운전을 하지 마라.

⑮ 막내가 제사를 모시고 3대 조상까지 모셔라.

다. 법정유언방식

1) 녹음에 의한 유언 - 스마트폰 동영상

녹음에 의한 유언은 유언자가 유언의 취지, 그 성명과 연월일을 구술하고 이에 참여한 증인이 유언의 정확함과 그 성명을 구술하여야 한다.

- 간호사: 말씀하시면 됩니다.
- 유언자: 유언한다. 본인 홍길동의 재산 중 충남 논산시 내동 000의 충성대 아파트
  0000호와 ■■ 은행에 예금해 둔 정기예금 2억 원은 아내에게 준다.
  자동차 등의 남은 재산이 있으면 형태를 불문하고 막내딸 ⊙⊙⊙에게 준다.
  집행은 그 재산을 받을 사람이 각자 직접 하거라.
  이천이십일년 오월 삼일
  홍길동. 됐습니다.
- 간호사: 홍길동님께서 본인 의지대로 유언하셨습니다. 아파트와 정기예금 2억은
  부인께 드린다고 했고 나머지는 막내 따님에게 준다고 하셨습니다.
  증인은 □□대학병원 간호사 ▲▲▲입니다.

E: 내가 유언을 하니까 자식들은 이의 달지 말고 그대로 하거라. 내가 살고 있는
  동성 아파트 0000호는 둘째 갑돌이가 갖고 ▷▷은행에 있는 예금은 모두 찾아서
  공평하게 나눠 갖거라. 맏이하고 막내는 알거야. 너희들은 이미 줬다.
  아파트 등기 넘기는 일은 둘째 갑돌이가 해라.
  오늘 이천이십년 팔월 오일이다. 유일선. 끝.
M : 일선이 친구 장미향인데 일선이가 오늘 유언을 했다.
    궁금하면 내게 물어봐라. 내가 증인이다.

손글씨를 쓰는 일이 급격하게 줄어들고 대신 스마트폰이 전국민의 필수품이
되면서 남녀노소 가리지 않고 음성녹음 기능을 이용하여 자신의 유언을 녹음
해 두거나 동영상을 촬영하여 저장하고 있다.

유언을 자필로 쓰는 것도 불편하고, 증인 2명을 데리고 공증사무실까지 가서

적지 않은 수수료까지 부담해야 하는 공정증서 방식도 멀게 느껴지는 데 비해, 녹음은 친구를 증인으로 세우면 언제든지 할 수 있고, 보관도 편하고, 수시로 바꿀 수도 있고, 돈이 들 일도 없고, 글자를 모르는 사람도 이용할 수 있으니 이 방식을 이용하는 사람이 늘어나는 것 같다.

가) 녹음기기

녹음기기 또는 동영상촬영 기기에는 제한이 없다. 다만 가급적 스마트폰 영상녹화 기능을 사용할 것을 추천한다. 음성과 영상이 남고 휴대폰 위치정보라는 부가기능이 추가되므로 유언의 진위에 대한 다툼이 생겼을 때 유언의 효력을 유지하는 데 도움이 된다.

뿐만 아니라, 유언자의 얼굴과 음성이 나오는 스마트폰 동영상은 상속인들에게 마치 대면해서 말하는 것과 다름없는 효과를 내므로 상속으로 인한 다툼의 여지를 크게 줄이는 효과를 가져온다.

나) 유언의 취지

유언의 취지는 구체적이고 명확해야 한다. 누가 들어도 어떤 재산을 누구에게 준다는 말인지 쉽게 알 수 있도록 해야 한다.

어디에 있는 무슨 아파트 몇 동 몇 호인지, 땅이면 주소와 지번까지, 예치해둔 금융회사와 금융상품, 금액까지 가능한 상세하게 녹음하는 것이 좋다.

여기서 특히 수의할 부분은 배우자가 "아파트는 큰아들 주는 게 맞지?"라고 하자 유언자가 "응"이라고 대답하는 방식은 무효라는 점이다. 반드시 유언자가 유언의 취지를 스스로 말해야 한다. 이 부분은 백 번을 더 강조하고 싶다.

다) 성명

유언자와 증인 모두 자기의 성명을 말하여 녹음해야 한다. 간혹 유언의 취지는 아주 정확한데 성명을 말하지 않아 무효가 되는 경우도 있다.

유언자는 반드시 자신의 성명을 녹음에 포함해야 한다. 이 부분도 백 번을 더 강조하고 싶다.

성명 앞에 주민등록번호를 말하는 유언자도 있는데, 안 하는 것보다는 좋지만 반드시 필요한 것은 아니다.

라) 연월일

뭔가 중요한 일을 했으면 날짜를 적어 둔다고 생각하고 연월일을 녹음해 두자. 녹음유언에서 연월일을 누락한 데에 대한 대법원 판례는 아직 없다. 모든 유언자들이 철저하게 연월일을 말하고 녹음하는 것 같다.

다만, 스마트폰을 이용한 녹음 또는 동영상이라면 연월일을 녹음하지 않더라도 적법한 것으로 인정될 여지는 많다고 본다. 왜냐하면 스마트폰 음성(영상)파일은 파일생성 일자가 보존된다. 뿐만 아니라 동영상인 경우 그 화면에 날짜가 촬영되어 있을 수도 있다.

그런데 유언에 있어 연월일은 유언내용과는 상관이 없다. 대법원은 "유언에서 연월일은 이를 작성한 날로서 유언능력의 유무를 판단하거나 다른 유언증서와 사이에 유언성립의 선후를 결정하는 기준일이 된다."라고 하거나(대법원 2009다9768 판결), 자필증서 유언에서 본문에 연월일을 누락했지만 그 유언서를 담은 봉투면에 연월일을 기재한 것을 유효하다고 하였다. (대법원 97다38510 판결)

위 대법원의 입장에 의하면 유언서가 성립된 날이 특정되면 된다는 입장으로 보이므로 녹음유언에 연월일이 녹음되어 있지 않더라도 유효하다고 생각한다.

마) 1명 이상의 증인의 참여

증인이 유언의 정확함을 말하고 성명을 녹음해야 한다고 규정되어 있다. 그렇지만 정확함을 어떻게 말해야 하는지 구체적인 기준이 없다.

유언내용을 요약해서 말하라는 것인지, 유언 내용마다 재산의 내용이 정확한지 조사까지 해서 정확함을 확인해야 한다는 뜻인지, 유언자의 정신에 이상이 없다고 말해야 하는지 알 수가 없다. 증인의 성명만 녹음되어 있으면 무효라는 것인지 아직 판례도 없다.

공정증서 방식에도, 서명하는 것으로 정확함을 승인한 것으로 본다는 점에서 녹음방식에서도 증인이 성명을 말하면 그것으로 충분할 것이다.

증인을 필수요건으로 하는 이 부분은 녹음방식 유언에서 가장 큰 장애물이다. 뒤에서 설명하겠지만 하루 빨리 증인요건이 폐지되어야 한다.

바) 세 가지 주의 사항

ⓐ 혼자 셀카 동영상으로 찍은 것 또는 혼자 녹음한 유언은 효력이 없다. 녹음이든, 동영상이든 반드시 증인 1명 이상과 함께 녹음 또는 녹화해야 한다.

ⓑ 아무나 증인이 될 수 없다. 재산을 받을 사람은 당연히 증인이 될 수 없다. 뿐만 아니라 그의 배우자와 직계혈족도 안 된다.

예를 들면, 유언으로 장남에게 재산을 줄 때 장남은 당연히 증인이 될 수 없으며, 맏며느리도 증인이 될 수 없고 장남의 자녀들도 증인이 될 수 없다.

ⓒ 꼭 복사본을 보관해야 한다.

녹음 또는 동영상은 대부분 전자파일이다. 전자파일은 삭제 버튼을 잘못 눌러서 삭제되기도 하지만 알 수 없는 기계적 오류로 삭제되기도 한다.

그러므로 외장하드, 컴퓨터, 이메일, 휴대폰에 분산하여 저장할 필요가 있다.

녹음유언은 반드시 원본파일이어야 하는 것은 아니다. (대법원 2023다 217534 판결) 그리고 일부 사람들은 딥페이크, 인공지능 등을 근거로 녹음유언이 변조될 수 있다고 말한다.

그러나 저자는 그에 동의하기 어렵다. 전자파일은 디지털 포렌식, 메타데이터 구조, 해시값 등을 분석하면 진위를 판별하는 데 문제가 없다고 한다.

여기에 해당 유언을 한 날 스마트폰의 위치정보까지 추가하면 녹음유언을 조작하는 것은 거의 불가능하다고 본다. 그런 이유로 저자는 스마트폰 동영상촬영 방식으로 녹음유언을 하는 것을 적극 추천한다.

2) 자필증서에 의한 유언 – 아무도 모르게

자필증서에 의한 유언은 유언자가 그 전문과 연월일, 주소, 성명을 자서하고 날인하여야 한다. 유언증서에 문자의 삽입, 삭제 또는 변경을 함에는 유언자가 이를 자서하고 날인하여야 한다.

스마트폰이 보편화되기 전까지 일반인들의 유언방식은 자필증서가 주류였다. 증인이 없어도 되고, 아무 데서나, 아무 종이에나 간편하게 할 수 있고, 유언의 존재도 비밀로 할 수 있고, 돈도 안 드니 널리 이용되었다.

반면, 날인을 하지 않았거나 주소를 정확하게 적지 않아 법원에서 무효가 되는 경우도 많았고, 유언서를 피상속인이 보관한 경우 가장 먼저 발견한 상속인이 자신에게 불리한 내용의 유언을 보고 유언서를 삼켜버리는 일도 있었고, 필적대조 자료가 많지 않아 필체의 진위를 두고 다툼이 생기는 일도 많았다.

그러나 법정 형식요건을 잘 지키고, 믿을 만한 사람에게 보관하고, 필적대조 자료가 넉넉하다면 자필증서 방식도 여전히 유용하다고 본다.

가) 유언서 전문(全文)의 자서

처음부터 끝까지 유언자가 직접 써야 한다. 본인이 썼더라도 컴퓨터로 쓴 것은 무효다. 타자기나 점자기로 작성한 유언도 마찬가지다.

다만, 컴퓨터로 유언서라는 제목이나 날짜, 주소, 성명, 인감 등의 난을 만들고 그 난에 유언자가 자필로 내용을 기재한 것은 효력이 인정된다.

그러나 자필증서 유언의 원본은 없고 사본만 남아 있으면 효력이 없다.

외국어로 되어 있어도 무방하고, 꼭 종이에 써야 하는 것도 아니다. 여러 장의 유언서에 계인이나 편철이 되어 있지 않아도 일체성이 인정되면 효력이 있다. 편지의 형식으로 되어 있어도 자필증서의 요건을 갖추고 있으면 효력이 있다.

나) 연월일의 자서

일상에서도 그렇지만 유언에서도 연월일은 중요하다. 작성 연월일을 기재하지 않으면 무효다. 연과 월은 기재하고 '일'을 기재하지 않으면 효력이 없다. 자필로 적지 않고 연월일 란에 스탬프를 찍은 것도 무효다.

그러나 유언서를 담은 봉투 겉면에 자필로 연월일이 기재되어 있으면 유효하다. 나의 회갑기념 식사를 한 날, 만 70세가 된 날 등 연월일을 특정할 수 있으면 유효하다.

다) 주소의 자서

유언자가 직접 주소를 써야 한다. 주민등록상 주소든지, 생활의 근거가 되는 곳이든지 상관이 없다.

유언서 본문에 없어도 유언서 봉투에 기재되어 있으면 된다. 그러나 '서울시 중구 명동에서'라고만 기재되어 있으면 효력이 없다.

저자는 이 부분이 시급히 개정, 보완되어야 한다고 주장한다. 자필증서의 주소는 인적 동일성을 증명하기 위해 규정한 것이다.

주민등록번호 등의 개인식별 부호가 도입되기 전에는 어디에 사는 누구라는 것이 인적 동일성을 구분하는 요소가 될 수 있었다.

그러나 지금은 개인의 주소가 수시로 바뀌고 자신이 살고 있거나 일하고 있는 곳의 주소를 모르는 사람도 부지기수다. 도로명 주소의 동네 이름은 너무 길고 아파트 이름만 20자에 이른다. 주소는 더 이상 개인식별 요소가 될 수 없다.

반면, 국민 누구나 자신의 주민등록번호는 기억하고 있다. 일상생활 여기저기에서 주민등록번호는 개인식별 부호로서 인적 동일성을 증명하는 요소가 된다.

국민들도 자신을 특정하는 요소가 주민등록번호라고 생각한다. 실제 자필증서 유언을 작성한 사람 중 상당수가 주소 외에 주민등록번호를 적고 있다.

따라서, 자필증서 유언의 주소 규정을 시급히 주민등록번호로 개정해야 한다.

라) 성명의 자서

유언자가 성명을 직접 써야 한다. 성명을 자서하지 않고 스탬프로 된 명판을 찍거나 기호로 만든 도장을 찍은 것은 효력이 없다.

그러나 성명 대신 불교의 법명을 적거나, 천주교의 세례명을 적거나, 예명을 적거나, 호를 적거나, 성은 적지 않고 이름만 적은 것도 효력이 있다.

마) 날인

자필증서 유언에서 가장 중요한 요소다. 인감도장이든, 막도장이든, 손도장이든 상관이 없다. 찍힌 색깔이 빨간색이든, 파란색이든 문제 없다.

그러나 날인이 없으면 무조건 무효다. 사인을 하는 모습이 영상으로 찍혀 있어도 안 된다.

이 규정은 대법원이 철저하게 적용하고 있다. 사람은 날인을 함으로써 자신의 의사를 확정한다는 것이 그 이유다. 그러나 저자는 이에 동의하기 어렵다.

옛날에는 일상이 도장으로 이루어졌다. 항상 도장을 들고 다녔다. 도장을 찍지 않으면 일이 진행되지 않았다. 집이든 사무실이든 항상 인주가 옆에 있었다.

그러나 이미 오래 전부터 일상에서 도장을 사용하는 일은 거의 없다. 도장을 찍을 때 있어야 하는 인주를 옆에 두고 있는 사람은 눈을 씻고 찾아봐도 없다.

그런데도 법에는 아직도 날인을 필수요건으로 규정하고 있다. 자필증서 유언이 사라지는 가장 큰 이유 중의 하나다. 빨리 서명(사인)으로 개정해야 한다.

옛날에는 간편한 방식이라고 호평을 받았던 자필증서 유언이 컴퓨터로 글을 쓰고 도장을 사용하지 않으면서 도리어 불편한 방식이 되어버렸고 국민들의 시선에서 차츰 멀어지고 있다. 대신 녹음방식이 그 자리를 차지하고 있다.

3) 공정증서에 의한 유언 - 가장 확실하다.

유언자가 증인 2인이 참여한 공증인의 면전에서 유언의 취지를 구수하고 공증인이 이를 필기낭독하여 유언자와 증인이 그 정확함을 승인한 후 각자 서명 또는 기명날인하여야 한다.

공정증서에 의한 유언은 법률전문가인 공증인이 관여하므로 유언 내용을 명확하게 할 수 있고 위조나 분실, 은닉의 위험이 적으며 검인절차도 불필요하다는 장점이 있다.

반면 절차가 복잡하고, 증인 2명이 필요하며, 비용이 들고, 유언내용이 누설될 위험이 있다는 단점도 있다. 공증사무실에 전화 등으로 필요 서류, 절차, 비용 등을 미리 알아보고 방문하는 것이 좋다.

가) 증인 2인의 참여

반드시 2인 이상의 증인이 참여해야 한다. 실무에서는, 유언으로 재산을 받을 수유자와 그의 배우자 및 직계혈족 등은 증인에서 제외하고 있다.

다만, 공증인법에 의한 결격자라도 유언자가 증인으로 참여시킬 것을 청구한 경우에는 증인이 될 수 있도록 허용되어 있기는 하다.

그 경우 유언서에 "증인은 유언자가 직접 참여를 청구하였음을 확인한다." 라는 문구를 반드시 넣어야 한다. 절대 잊으면 안 된다. 이런 문구가 없으면 공정증서라도 무효가 될 수 있다.

나) 유언 취지의 구수와 서명 또는 기명날인

구수(口授)란 말로 전한다는 뜻이다. '유언자가 유언의 취지를 공증인에게 말로 전해야 한다.' 이런 말이다. 그런데 규정에는 이렇게 되어 있지만 어떤 경우가 구수이고 어떤 것은 구수가 아닌지 명확한 기준은 없다.

유언의 취지를 말하는 장소에도 제한이 없다. 공증사무실이든, 병원이든, 주택이든, 개인 사무실이든, 어디서든 공증인과 증인이 참석할 수 있으면 된다.

다만, 중환자에게 공증인이 유언의 취지를 묻자 유언자가 고개를 끄덕이거나 눈을 깜빡거린 것은 유언의 취지를 구수한 것으로 보기 어렵다는 판례가 있다.

공정증서 방식에서 유언자는 서명란에 서명을 할 수도 있고 기명·날인을 해도 된다. 다시 말하면 도장이 없어도 되고, 도장이 있으면 성명을 직접 쓰지 않고 날인만 해도 된다는 뜻이다. 날인은 가족이 대신해도 된다.

4) 비밀증서에 의한 유언 - 복잡하다.

비밀증서에 의한 유언은 유언자가 필자의 성명을 기입한 증서를 엄봉날인하고 이를 2인 이상의 증인의 면전에 제출하여 자기의 유언서임을 표시한 후 그 봉서 표면에 제출 연월일을 기재하고 유언자와 증인이 각자 서명 또는 기명날인하여야 한다.

유언봉서는 그 표면에 기재된 날로부터 5일 내에 공증인 또는 법원 서기에게 제출하여 그 봉인상에 확정일자인을 받아야 한다. 아주 복잡하다.

유언의 존재는 확실하게 하면서 내용은 비밀로 하고 싶을 때 유용한 방식이다.

그런데 이 방식에서 '필자'라는 단어가 문제가 된다. 유언증서에 누구의 글씨든 무조건 손으로 필기를 해야 한다는 뜻인지, 아니면 컴퓨터로 작성해도 되는지 중대한 쟁점이 된다. 그러나 여기에 대한 대법원의 확립된 판례는 아직 없다.

만약 컴퓨터로 작성해도 된다면 이 방식은 복잡하지만 그런대로 유용한 방식이다. 현장에서는 가공의 인물을 증인으로 기재해도 문제가 없다는 말도 있다.

다만, ① 유언서의 성립일자가 유언서 작성일이 아니고 확정일자를 받은 날이라는 점 ② 비밀증서 유언으로는 결함이 있더라도 자필증서 방식에 부합한 때에는 자필증서로서 유효하다는 점은 기억할 필요가 있다.

5) 구수증서에 의한 유언 - 실효성이 거의 없다.

구수증서에 의한 유언은, 질병 기타 급박한 사유로 인하여 보통방식에 의할 수 없는 경우에 유언자가 2인 이상의 증인의 참여로 그 1인에게 유언의 취지를 구수하고 그 구수를 받은 자가 이를 필기낭독하여 유언자와 증인이 그 정확함을 승인한 후 각자 서명 또는 기명날인하여야 한다. 그 유언은 그 증인 또는 이해관계인이 급박한 사유의 종료일로부터 7일 내에 법원에 검인을 신청하여야 한다.

이 방식은 민법이 정한 다른 유언방식을 사용할 수 없는 경우에만 허용된다. 환자는 위독하여 자필증서 유언을 할 수 없는데, 스마트폰도 없고, 공증인도 도시 전체에 한두 명뿐이고, 멀리 있는 가족이 병원까지 오는 데만 2일~3일이 걸리던 70년 전에는 이 방식도 의미가 있었을 것이다.

그러나 스마트폰이 전국민의 필수품이 되고, 녹음기도 흔하고, 공증인이 30분이면 오갈 수 있는 시대에는 실효성이 거의 없다. 다른 방식의 유언을 할 수 없었다는 전제조건이 성립되지 않으면 형식에 맞게 유언을 해도 효력이 없다.

물론 조난 당한 선박에서 부상을 당해 자필로 유언을 할 수 없는데 스마트폰 전원도 소진되는 등 극한의 상황이 생길 수도 있으나, 그런 상상에서나 가능한 경우까지 대비하여 구체적인 유언방식을 소개하는 것은 과하다는 생각이 들어 구수증서 유언에 대해서는 이상의 설명으로 갈음하고자 한다.

라. 유언방식 이대로는 안 된다.

국민들이 주로 이용하는 유언방식은 자필증서, 녹음방식, 공정증서 유언이다. 그러나 현재의 유언방식 이대로는 안 된다.

1) 유언하는데 왜 증인을 세워야 하는가?

유언방식을 선택할 때 가장 큰 영향을 미치는 것은 증인요건의 유무다. 증인이 참여하면 유언을 했다는 것이 알려지고 유언자와 가족들의 내밀한 사생활이 그대로 공개된다.

어떤 재산이 어디에 있고 어느 금융회사에 얼마가 예치되어 있는지 모두 알게 된다.

그러나 모르는 사람에게 자신의 재산내용을 샅샅이 알려주고 증인을 서 달라고 부탁한다는 것은 범죄의 표적이 될 수도 있기 때문에 가능하지 않다.

결국 가까운 사람에게 부탁할 수밖에 없는데, 그러나 가까운 사람일수록 사생활과 재산의 내역을 공개하는 것은 더더욱 어렵다.

자존심이 허락하지 않는다. 자식들에게도 공개하지 않는 것이 재산내역이다. 뿐만 아니라 자기를 아는 사람들 사이에 반드시 소문이 난다.

애초에 증인요건으로 유언의 진정성을 확보한다는 제도의 취지도 이해하기 어렵다. 증인이 누구인지 상속인들이 모르는 사람일 수 있고, 증인이 유언자보다 먼저 사망할 수도 있다.

그런 경우 상속인들이 유언의 진정성과 증인의 실존 여부에 대해 의문을 표시하면 그 증인이 살아 돌아와서 증언을 해야 한다는 것인지, 피상속인이 살아 돌아와서 증명을 해야 유효하다는 뜻인지 도저히 이해할 수 없는 규정이다.

바로 이런 이유로 인해, 요건흠결로 무효가 되는 일이 잦고, 날인도 해야 하고, 은닉과 멸실의 위험도 있고, 검인절차도 거쳐야 하는 여러 단점에도 불구하고 자필증서 방식이 애용되어 왔다.

문제는 자필증서 유언의 필수요건이 현실과 맞지 않는다는 점이다. 주소요건은 주민등록번호로 바꿔야 하고 날인요건은 유언자가 서명과 날인을 선택할 수 있도록 해야 한다.

서명의 경우 동영상으로 유언서를 작성하는 모습을 남겨야 한다고 해도 된다. 이런 불합리한 제한이 개선되어 국민들이 편리하게 유언을 할 수 있어야 한다.

개정될 때까지는 **불편하지만** 나*소에서 천원 짜리 인주를 사서 손도장을 찍는 것도 좋다. 손도장은 주민등록할 때 관청에 신고되어 있어서 진위를 판별하는 데 긴요하게 활용할 수 있다.

2) 녹음방식 유언의 문제점 – 증인요건이 시급히 폐지되어야 한다.

앞에서 설명한 바와 같이 녹음방식에서도 증인요건이 시급히 폐지되어야 한다. 전자기기는 그 자체로 진정성을 증명할 수 있다. 유언의 조작 여부를 밝혀내는 것은 증인보다 전자기기가 훨씬 정확하다.

따라서 유언자 혼자 촬영한 동영상 유언(셀프 동영상 유언)도 법적효력이 인정되어야 한다. 유언 날짜를 녹음하지 않아도 전자파일에 남아 있으므로 그 요건도 폐지되어야 한다.

3) 공정증서 유언의 문제점 – 공증사무실이 없는 데가 많다.

공정증서방식도 증인요건이 없어야 함은 앞에서 설명하였다.

추가하여 지역별 차별을 해소하여야 한다. 특별시와 광역시를 제외한 전국 184개 시, 군, 구 중 47개 시, 군, 구에만 공증인사무실이 있다. 전국민의 절반에 가까운 2,830만명은 공증인을 만나기 위해 먼 거리를 이동해야 한다.

차별이 크다. 법무사 등 다른 전문가도 가능하도록 하면 좋을 것이다.

마. (현행 규정상) 이 사람은 증인이 될 수 없다.

현행 규정상, 녹음에 의한 유언, 비밀증서 유언, 구수증서 유언을 할 때 증인 이 필요하다. 이 세 가지 방식의 유언에서는 증인의 자격이 엄격하다.

① 유언으로 이익을 받을 사람, 그 배우자와 직계혈족 ② 미성년자, 후견인을 둔 사람은 증인이 될 수 없다. 가장 주의해야 할 사람은 유언으로 이익을 받을 사람과 그 가족들이다.

예를 들어, 장남에게 유증을 하면서 맏며느리 또는 그의 자녀들을 증인으로 한다든가, 배우자에게 유증을 하면서 자신들의 자녀를 증인으로 하는 경우가 이에 해당한다.

이들을 증인으로 한 유언은 효력이 없다.

그런데 증인이 잘못되어 유언은 무효가 되더라도 재산을 받을 사람이 동석한 상태에서 유언을 했으면 사인증여계약으로서 효력은 있지 않을까 의문이 든다.

이에 대하여 대법원은 ① 수유자 중 일부만 동석한 경우에는 전부가 무효이 고 ② 유언자의 청약의사와 수유자의 승낙의사가 분명하게 나타나야 한다는 점 을 설시하면서, 아버지가 말로 유언하는 데 동석하여 그 장면을 동영상으로 촬 영한 아들이 자신에 대한 유증에 대해 사인증여로서 유효하다는 주장을 배척 하였다. (대법원 2022다302237 판결)

다만, 결격사유가 있는 증인을 빼더라도 해당 유언방식이 정한 증인의 요건을 충족하면 효력이 있다. 그리고 공정증서에 의한 유언의 경우 공증인법에 의한 결격자라도 유언자가 참여시킬 것을 요구하면 증인이 될 수는 있지만, 실무상으 로는 가족이 아닌 사람을 증인으로 세우라고 한다.

그리고 증인이 유언자보다 먼저 사망하더라도 유언의 효력에는 영향이 없다. 뿐만 아니라 비밀증서 방식의 경우에는 증인이 가공의 인물인지, 실존인물인지 몰라도 상관 없다.

유언서를 검인할 때 상속인이 증인에 대하여 증명할 의무도 없고 증명할 방법도 없다. 주민등록번호를 반드시 적어야 한다는 규정도 없다.

녹음방식의 경우에도 증인 스스로 유언자와의 관계나 신분을 밝히지 않으면 목소리와 이름만 남아 있으므로 상속인들이 전혀 모르는 사람인 경우도 많다.

상속인들도 아는 사람이어야 한다는 규정도 없다. 유언자만 아는 사람이어도 된다.

바. 유언증서, 녹음의 검인

자필증서, 비밀증서 유언이나 녹음유언을 보관한 사람 또는 이를 발견한 사람은 유언자의 사망 후 지체 없이 유언자의 최종 주소지 가정법원에 제출하여 그 검인을 청구하여야 한다. 전자소송으로 해도 된다.

검인청구를 게을리 하여 유언서 은닉에 해당하면 상속결격자가 될 수도 있고, 유증을 받지 못할 수도 있으며, 손해가 있으면 배상할 의무도 있다.

유언증서 또는 녹음유언 원본은 검인을 청구할 때 제출하지 않고 검인기일에 출석하여 제출하면 된다.

검인이 청구되면 법원은 상속인, 이해관계인 등 전원에게 검인기일을 통지하며 검인절차에 참여하여 의견을 진술할 기회를 준다.

여기서 검인은 유언의 방식에 관한 사실을 조사함으로써 위조·변조를 방지하고 그 보존을 확실히 하기 위한 절차에 불과할 뿐 유언증서의 효력 여부를 심판하는 절차가 아니다.

그러므로 검인을 받은 유언에 대해서도 유언자의 진의가 아니라는 등 사유가 있으면 무효를 주장하는 소송을 제기할 수 있다.

물론, 최종적으로 하자 없는 유언으로 인정되면 유언자의 사망 시점으로 소급하여 효력이 발생한다.

검인을 마치면 법원이 유언증서 원본에 '검인필'이라고 적고 직인을 날인하여 청구인에게 반환하고 출석하지 않은 상속인 등에게 검인조서 등본을 송달한다.

어떤 방식의 유언이든 상관 없이 날인으로 봉인되어 있으면 개봉절차를 먼저 거치고 검인절차를 진행한다. 통상 검인기일과 같은 날에 한다.

유언증서의 검인과 개봉에 소요되는 절차비용과, 출석하지 않은 상속인 등에 대한 검인조서 송달비용은 상속재산에서 지급하는 것이 원칙이다.

사. 유언은 공증을 했더라도 철회할 수 있다.

유언서는 차용증이 아니다. 유언자는 언제든지 새로운 유언 또는 생전행위로써 유언의 전부나 일부를 철회할 수 있다. 받을 사람의 동의를 받지 않아도 된다.

유언자 마음대로 해도 된다. 언제든지 해도 된다. 사인증여계약도 마찬가지다. (대법원 2017다245330 판결) 유언은 사망일과 가장 가까운 유언이 우선한다.

1) 유언자가 철회의사를 표시하면 유언은 철회된다.

ⓐ 새로운 유언을 하면서 이전의 유언은 철회한다고 분명하게 표시해도 되고,

그런 표현이 없어도 다시 유언을 하면 새유언과 저촉되는 부분은 자동적으로 철회된다. 이전 유언에 신경 쓸 필요가 전혀 없다. 마음대로 변경해도 된다.

ⓑ 이전 유언의 전부를 철회한다고 해도 되고 일부만 철회하는 것도 가능하다.

예를 들어 다시 유언을 하면서 이전에 한 유언을 특정한 다음 그 유언 전부를 철회하고 다시 해도 되고, 이전 유언의 어떤 부분은 그대로 두고 어떤 부분만 다시 한다고 해도 된다.

ⓒ 이전 유언과 유언방식이 달라도 아무 문제 없다. 아주 흥미롭다.

노인이 자신을 돌봐주는 사람에게 아파트를 준다고 공정증서로 유언을 하고는 며칠 후 혼자 자필증서로 아파트를 장남에게 준다고 유언을 해버리면 노인을 돌봐주던 사람은 아파트를 받지 못한다.

이전의 유언은 철회되었고 자필유언이 유효하다. 그래서 유증을 받는 사람도 유언제도에 대해 알아야 한다.

ⓓ 메모지에 적고 사인만 해도 효력이 있다. 이 부분도 아주 중요하다. 예를 들어, 문안인사를 오지 않는 자녀를 데리고 공증사무실에 가서 재산을 유증한다고 유언을 했는데 그 후에도 문안인사를 오지 않자, 유언자가 메모지에 이전 공정증서 유언은 무효라고 적고 날짜와 성명을 적은 다음 사인을 하여 배우자에게 교부하였다.

이로써 이전 공정증서 유언은 철회되었다. 유언을 철회할 때는 법이 정한 유언방식을 준수하지 않아도 된다. 아주 중요한 내용이다.

2) 유언 후에 이런 일이 있으면 이전의 유언은 자동으로 철회된다.

ⓐ 전후의 유언이 저촉되면 그 저촉된 부분의 전 유언은 철회된다.

예를 들어, 이전 유언에서는 아파트는 배우자에게, 예금은 딸에게 유증한다고 했는데 새로운 유언에서는 아파트는 배우자에게 그대로 주면서 예금은 상속인들이 공평하게 나누라고 했다면 이전 유언의 예금 부분은 자동으로 철회된다.

ⓑ 유언 후의 처분행위 등이 유언내용과 저촉되면 그 유언 부분은 자동적으로 철회된다. 예를 들어, 유언으로 토지를 공익재단에 유증한다고 했는데 그 후에 가격이 오르자 팔아서 유언자가 사용했다면 그 유언은 철회된다.

ⓒ 유언자가 고의로 유언서를 파손하거나 훼손하면 그 유언은 철회된다. 유언자가 자필증서 유언서를 찢어버린다든지, 녹음유언을 담은 USB를 밟아 부숴버리면 그 유언은 철회된다.

ⓓ 유언자가 고의로 유증의 목적물을 파손하거나 훼손하면 그 유언도 철회된다. 유언으로 고가의 도자기를 유증했는데 그 후 유언자가 도자기를 내동댕이쳐 완전히 파손되었다면 그 유언은 철회된 것으로 본다.

3) 유언을 철회하지 않겠다고 계약을 해도 소용 없다.

유언자는 그 유언을 철회할 권리를 포기하지 못한다. 선문답 같은 문장이다. 무슨 뜻일까?

쉽게 말하면 유언을 한 사람이 그 유언을 철회하지 않겠다는 약속을 해도 그 약속 자체가 무효라는 뜻이다. 아주 중요한 내용이다.

유언자가 공정증서로 유언을 하면서 "이 유언은 절대로 철회하지 않을 것이며 철회하더라도 무효다. 만약 철회하거나 변경하려면 자녀 모두의 동의를 받아야 한다."라고 약정을 했더라도 그 약정 자체가 무효다.

왜냐하면 상속으로 인하여 효력이 발생하는 권리를 상속이 개시되기도 전에 그 처리에 관하여 약정하는 것은 상속개시 전에 상속을 승인 또는 포기하는 것과 같아서 허용될 수 없기 때문이다.

그러므로 유언자는 철회하지 않겠다는 약정에도 불구하고 언제든지, 어떤 방식이든지 마음대로 변경해도 된다. 그래서 유언은 믿을 게 못 된다는 말도 있다.

아. 유언의 효력

친생부인, 인지, 신탁 등에 관한 것도 유언으로 할 수 있다. 다만 사례가 매우 적고, 절차도 따로 규정되어 있어 이 책에서는 다루지 않는다. 그래서 재산을 주는 유증에 대한 것을 중심으로 설명하였다.

1) 유언의 일반적 효력

ⓐ 유언은 유언자가 사망한 때로부터 그 효력이 생긴다. 재산을 받을 사람이 알든 모르든 일단 효력이 발생한다. 그 후 안 받겠다고 하면 상속개시 당시로 소급하여 효력을 잃는다.

ⓑ 재산을 받을 사람이 상속개시 전에 사망하였거나, 상속결격자가 되었거나, 유언자와 동시에 사망한 것으로 추정되거나, 실종선고에 의하여 유언자보다 먼저 사망한 것으로 되거나, 재산을 받을 법인이 해산한 경우 유증은 처음부터 효력이 없다. 대습상속에 관한 규정이 적용되지 않는다. 중요한 내용이다.

다만, 유언으로 "▽▽▽가 나보다 먼저 사망하거나 동시사망 추정에 해당하면 그 배우자에게 유증하는 것으로 한다."라고 보충수유자를 지정해 두면 된다.

여기서 주의할 부분이 있다. 상속을 포기한 자도 유증을 받을 수 있다. 상속이 개시된 후 여러 사정으로 상속을 포기했는데 피상속인이 그 상속인에게 유증한 것이 있으면 그 유증은 그대로 유효하다는 말이다. 기억할 필요가 있다.

ⓒ 유언이 효력을 상실하거나, 강요에 의한 유언으로 밝혀져 취소되거나, 받을 사람이 안 받겠다고 하면, 유증했던 재산은 공동상속인에게 각 법정상속분의 비율로 나누어 귀속된다.

그러므로 자신이 받을 재산을 특정상속인에게만 주고 싶다면 유증을 포기하지 말고 그 받을 권리를 그에게 양도해야 한다.

2) 포괄적 유증과 특정적 유증

가) 포괄적 유증이란?

포괄적 유증이란 상속재산의 전부 또는 그에 대한 비율에 의하여 포괄적으로 유증하는 것을 말한다. 유일한 주택을 유증하는 것은 포괄적 유증에 해당한다.

그러므로 상속적극재산뿐만 아니라 상속채무도 비율에 따라 승계된다. 포괄수유자(수증자)는 상속인과 동일한 권리와 의무가 있다.

포괄유증의 경우 그 재산은 상속개시와 동시에 자동으로 포괄수유자에게 귀속된다. 그 후 포괄수유자가 포기하면 소급하여 효력을 잃게 된다.

ⓐ 포괄수유자는 상속이 개시된 것을 안 날로부터 3월 내에 승인, 한정승인

또는 포기의 신고를 하여야 한다. 상속인과 마찬가지로 3월 내에 의사를 표시하지 않으면 유증을 승인한 것으로 본다.

포괄수유자가 유증을 포기하더라도(상속의 포기와 동일한 법리에 따라) 사해행위가 되지 않는다.

ⓑ 포괄수유자가 상속인이 아닌 제3자 혹은 법인인 경우에도 상속인과 함께 상속재산분할협의에 필수적으로 참여해야 한다. 포괄수유자가 참여하지 않은 상속재산분할협의는 효력이 없다.

ⓒ 포괄수유자는 상속인과 동일한 권리와 의무가 있다고 하지만 유류분권이나 기여분청구권은 없다.

나) 특정적 유증이란?

특정적 유증이란 상속재산을 구체적으로 특정하여 유증하는 것을 말한다. 특정유증의 경우 해당 재산은 상속개시와 동시에 일단 상속인에게 귀속되나, 특정수유자는 상속인 또는 유언집행자에게 그 유증을 이행할 것을 청구할 수 있다.

ⓐ 상속인 등은 상당한 기간을 정하여 특정수유자에게 그 기간 내에 유증의 승인 또는 포기를 확답할 것을 전화, 서면, 문자메시지 등으로 촉구할 수 있다. 회신이 없으면 유증을 받겠다는 의사로 본다.

ⓑ 특정수유자는 상속이 개시된 후 언제든지 유증을 승인하거나 포기할 수 있다. 기간의 제한이 없다. 이 부분은 포괄유증과 완전히 다른 부분이다.

단, 상속이 개시되기 전에 특정유증을 포기하는 것은 효력이 없다. 예를 들어, 장남이 동생들에게 "나는 아버지가 내게 유증을 하더라도 절대 받지 않는다." 라는 각서를 써 줬는데 막상 아버지가 유언으로 자기에게 유증을 하자 아무 일도 없었다는 듯이 받아 가더라도 막을 방법이 없다.

ⓒ 특정수유자가 유증을 포기하는 방법에 제한이 없다. 상속인 등에게 유증을 안 받겠다는 의사를 전달하면 된다. 대리권을 가진 사람이 있으면 그 사람이 해도 된다.

여러 개의 재산을 받는 경우 일부 재산만 받는 것도 가능하다. 이 부분은 포괄유증과 다르다. 포괄유증은 전부 받든지, 전부 포기하든지 선택해야 한다.

그러나 채무를 면제하는 특정유증은 포기하지 못한다. 변제금을 받을 사람이 안 받겠다고 하고 사망한 것이어서 상속인들이 받을 수도 없어서다.

ⓓ 특정유증을 포기하면 상속개시 당시로 소급하여 그 유증은 무효가 되고 유증의 목적물은 상속인들에게 그 법정상속분에 따라 귀속된다.

일단 유증을 포기하면 취소하지 못한다. 재산을 안 받겠다고 했던 사람이 다시 받겠다고 하면 상속인들의 법적 지위가 불안정해질 우려가 있기 때문이다.

그러나 반대로, 유증을 받겠다고 했던 사람이 다시 안 받겠다고 한다면 상속인에게 오히려 이득이 되는 경우가 있다. 그래서 실제상황에서는 이런 경우 특정수유자가 승인했던 것을 취소하더라도 유효하게 받아들이고 있다.

ⓔ 특정유증을 받을 사람이 유언자보다 먼저 사망하거나 동시사망의 추정에 해당하면 그 유증은 효력이 생기지 않는다. 대습상속이 되지 않는다.

그러나 상속이 개시된 후에 승인이나 포기의 의사를 표시하지 못하고 사망한 경우에는 그의 상속인이 수유자의 지위를 승계한다.

3) 조건부 유증과 부담부 유증 – 효도계약도 가능하다.

가) 조건부 유증 – 장남이 국회의원이 되면 집 앞 토지를 이전하라.

(1) 정지조건부 유증

유언에 정지조건이 있는 경우에 그 조건이 유언자의 사망 후에 성취한 때에는 그 조건이 성취한 때부터 유언의 효력이 생긴다.

예를 들어 "지금 살고 있는 집 앞의 토지는 아내 명의로 보유하다가 장남이 30대 국회의원에 당선되면 장남에게 이전하고 그렇지 않으면 아내가 가져라"라는 유언을 하였다면 그것이 정지조건부 유증이다.

장남이 당선되면 유증의 효력이 발생한다. 다만, 그 전에 장남이 사망하면 그 유증은 효력이 없다.

(2) 해제조건부 유증

유언에 해제조건이 붙어 있는 유증은 유언자의 사망에 의해 효력이 생기지만 해제조건이 발생하면 그로써 유증은 효력을 상실한다.

예를 들어 "처에게 서울시 중구 ▽▽길 313-5 상가를 유증한다. 다만, 막내가 대학교를 졸업하기 전에는 재혼하거나 다른 남자와 동거하지 않는 조건이다."라는 유언을 했는데 아내가 그때까지 기다리지 않고 다른 남자와 동거하면 그 동거한 때 유증의 효력이 상실되고 그로써 자녀들이 유증의 취소를 청구할 수 있다.

(3) 조건부 유증에서 조건은 구체적이어야 한다.

조건부 유증에서 조건은 최대한 구체적이고 상세하게 적어야 한다. 특히 상속 개시로부터 오랜 기간이 지나야 성취될 가능성이 있는 조건을 붙이면 상속인들이 유증재산을 관리하기 곤란하므로 그런 조건은 가급적 피해야 한다.

예를 들어 "막내딸이 결혼하면 1억 원을 주라"라는 조건부 유증을 하려면 누가 그 재산을 관리할지, 관리비용은 어떻게 해야 하는지 등의 내용도 구체적으로 명시함으로써 다툼이 없도록 해야 한다.

나) 부담부 유증 - 효도계약도 가능하다.

부담부 유증이란 유증을 하면서 그 수유자에게 부담의 이행을 조건으로 하는 것을 말한다. 일반적으로 부동산 등을 유증하면서 그 부동산에 담보된 대출을 수유자가 인수할 것을 조건으로 하거나 임대차물건의 경우 임대차보증금 반환채무를 부담시키는 방식이다.

뿐만 아니라 효도계약으로 불리는 부담을 붙일 수도 있다. 예를 들어, "서울시 강남구 □□□길 55 토지와 건물을 딸 김성임에게 유증한다. 대신 매월 임대료의 70%를 아내 이미영이 생존하는 동안 그의 계좌로 송금하고 정성을 다해 부양하라"라고 유증하는 방식이다.

뿐만 아니라 법적으로는 유언으로서 효력이 없는 내용도 부담으로 할 수 있다.

예를 들면, "경기도 여주시 나루길 100 논은 장남에게 준다. 단, 나의 장례는 화장하지 말고 우리 문중 선산에 매장하여야 하며 반드시 대리석으로 비석을 세워라."라는 부담을 붙일 수도 있다.

만약 부담이 붙은 유증을 받은 자가 그 부담의무를 이행하지 아니한 때에는 다른 상속인 등은 상당한 기간을 정하여 이행할 것을 촉구하고 그 기간 내에 이행하지 아니한 때에는 법원에 유언의 취소를 청구할 수 있다.

따라서 부모를 부양할 것을 부담으로 유증을 하였는데 수유자가 부모를 외면하고 보살피지 않으면 생존한 부모가 그 유증의 취소를 청구할 수 있다.

다) 부담부 유증을 하려면 유언서에 수유자의 서명을 받아 두는 게 좋다.

저자의 경험으로는, 유언자가 수유자도 모르게 부담부 유증을 한 경우 나중에 부담의 이행 여부에 대한 다툼이 생겼을 때 부담을 이행하지 않은 자가 변명하기 쉬운 구조더라는 점이다.

부담의 내용을 잘 몰랐다고 오리발을 내밀거나 자기가 생각하는 부담의 의미는 그와 다르다며 고의성을 부인하는 것이다.

그러므로 부담부 유증을 하는 경우에는 부담의 내용을 아주 구체적이고 명백하게 적고 그 유언서를 수유자에게 보여 주고 그의 서명과 사인을 받아 두는 것이 좋다.

자. 유언자님 반드시 유언집행자를 지정하세요!

1) 유언을 집행할 사람을 반드시 지정하라!

생전증여는 증여자와 수증자가 살아 있을 때 등기를 하기 때문에 이전하는 데 문제가 없다. 반면 유증은 한쪽(유언자)이 사망했기 때문에 그 사망한 사람을 대신할 사람이 필요하고 이를 유언자가 지정할 수 있다. 유언집행자라고 한다.

유언집행자를 지정해 두지 않으면 상속인 전원이 유언집행자가 되고 과반수 이상이 동의해야 집행될 수 있다. 일부 상속인이 불만을 가지고 협조하지 않아 정족수에 미달하면 소송 등을 거쳐야 한다.

뿐만 아니라, 상속인 중에 연락이 안 되는 사람이 있거나 외국 국적으로 외국에 거주하면서 재산상속에 관심이 없는 상속인이 있는 경우, 그럼에도 그 사람의 동의를 받아야 유언을 집행할 수 있으므로 큰 어려움을 겪을 수 있다.

따라서 유언집행자를 지정하는 일은 유언을 하는 사람의 가장 중요한 과제라고 해도 과언이 아니다.

유언집행자는 여러 명을 지정해도 된다. 그러나 가장 좋은 방법은 유증하는 재산마다 따로 그 재산을 받을 사람을 유언집행자로 지정하는 것이다.

그렇게 해놓으면 해당 유증을 집행하는 데에 다른 사람의 동의를 받지 않아도 되므로 유증이 차질 없이 이행될 수 있다. 사전에 유언집행자의 승낙을 받을 필요도 없다.

2) 유언집행자를 지정하는 방식은 엄격하다.

가) 지정유언집행자 - 유언으로 지정받은 자

유언자는 유언으로 유언집행자를 지정할 수 있고 그 지정을 제3자에게 위탁할 수 있다. 짧은 문장이지만 아주 중요하다. 유언집행자를 지정하는 방법은 법정유언방식으로만 가능하다는 말이다. 사인증여방식으로 승계하는 경우에도 유언집행자를 지정하는 것만은 법이 정한 5가지 유언방식으로 해야 한다.

나) 법정유언집행자 - 상속인 전원

유언자가 유언집행자를 지정하지도 않고 제3자에게 지정을 위탁하지도 않으면 상속인 전원이 공동유언집행자가 된다. 이를 법정유언집행자라고 한다.

그 경우 유언의 집행을 위해서는 상속인 과반수 이상의 동의가 필요하다. 상속인 총원이 2명이라면 2명 전원이, 10명이라면 6명 이상의 동의가 필요하다.

실제 이런 경우가 너무 많다. 유언방식도 잘 지키고 내용도 좋은데 정작 유언집행자는 지정되어 있지 않고 그에 대한 언급조차 없다.

그러다 보니 유증의 이행 문제로 상속인 사이에 다툼이 생기고, 상속인에 대한 유증은 물론, 제3자에 대한 유증도 원활하게 이루어지지 않고 결국 법적 다툼으로 가는 경우가 생긴다.

유언으로 유언집행자를 지정해 놓았으면 그런 문제는 발생하지 않는다. 저자가 늘 강조하는 부분이다. 유언자님, 반드시 유언집행자를 지정하세요!

다) 선임유언집행자 - 법원이 선임한 자

지정된 유언집행자도 없고 상속인도 없으면 유증을 받을 자 등 이해관계인이 가정법원에 유언집행자의 선임을 청구할 수 있고 그에 따라 법원이 선임하면 그가 유언(유증)을 집행할 수 있다.

이를 선임유언집행자라고 한다. 이때 유언집행자의 보수와 집행비용 등은 상속재산에서 우선 지급한다.

3) 유증의 실행

가) 금융재산 이전

금융재산을 유증하는 경우는 대부분 특정유증에 해당하고 따라서 원칙적으로 상속인들이 인출하여 유증받을 사람 또는 법인에게 이전해야 한다.

금융회사는 유언검인조서 등본을 제시해도 지급청구에 잘 응하지 않는다.

유언검인조서는 유언의 실체적 효력을 인정하는 것이 아니며, 검인절차를 거친 유언도 민사재판에서 무효로 되는 경우가 허다하고, 공정증서 유언도 언제든지 철회가 가능하기 때문에 최종 유언이라는 증명이 없으므로 지급청구에 응하기 어렵다는 것이다.

이런 경우 금융회사들은 대부분 해당 금원을 법원에 공탁해 버린다. 수유자는 공탁금을 인출하기 위해 유언효력확인의 소 또는 수증자지위확인의 소를 제기하여 승소한 확정판결문으로 공탁금을 인출할 수 있다.

다른 방법도 있다. 금융재산을 유증받을 사람이 상속인이 아닌 제3자인데 유언서에 그 유언집행자로 그 수유자가 지정되어 있다.

이때 그 수유자가 직접 법원에 유언효력확인의 소를 제기하여 확정판결문을 받아 금융회사에 제시하면 바로 지급받을 수 있다. 이래서 유언집행자 지정이 중요하다.

한편, 법인, 단체, 상속인이 아닌 제3자 등이 금융재산을 유증받았는데 상속인들이 이미 인출한 경우에는 그 상속인을 상대로 유증의 이행을 청구해야 한다.

나) 부동산 이전

유증 또는 사인증여를 원인으로 하여 부동산의 소유권이전등기를 신청하려면 포괄유증이든, 특정유증이든, 공정증서 유언이든, 보통방식 유증이든 불문하고 반드시 등기권리자와 등기의무자가 공동으로 신청해야 하고 유언검인조서 등본, 공정증서 유언 등의 등기원인을 증명하는 정보를 첨부하여야 한다. 아래에서는 사인증여를 포함하여 유증이라 표현한다.

(1) 등기권리자

등기권리자는 재산을 받는 수유자(수증자)이다. 특별한 사정이 없는 한 생존해 있으면 등기이전에 문제가 없으므로 더 설명할 내용이 없다. 다만, 바로 이어 설명하는 등기의무자와 동일인인 경우에는 단독으로 등기를 신청할 수 있다.

(2) 등기의무자

등기의무자는 유언집행자이다. 앞에서 설명했지만 이 부분이 늘 문제가 된다.

ⓐ 유언자가 해당 유증 또는 유언 전체에 대한 유언집행자를 지정한 경우에는

그 지정을 받은 사람과 유증을 받는 사람이 공동으로 등기를 신청하면 된다.

그러나 유증을 받는 사람과 유언집행자로 지정된 사람이 같은 사람이면 단독으로 등기를 신청할 수 있다. 유증 물건마다 따로 유언집행자를 지정하는 게 그래서 중요하다.

이때 유언집행자의 자격을 증명하는 서면으로 유언증서와 그 유언검인조서 등본 또는 공정증서 유언, 구수증서 검인신청심판서 등본 등을 등기소에 제출하여야 한다.

만일 유언증서 검인기일에 일부 상속인이 "유언서의 진위에 의심이 간다."라는 등의 취지를 표시하고 그 사실이 유언검인조서에 기재되어 있으면, 등기신청에 이의가 없다는 그 상속인들의 진술서(인감증명서 첨부)를 첨부하거나 위 상속인들을 상대로 한 유언효력확인의 소나 수증자지위확인의 소에서 승소한 확정판결문을 첨부하여야 한다. 저자는 이를 편의상 '검인이의 처리'라고 부른다.

ⓑ 유언집행자의 지정이 없으면 자동적으로 공동상속인 전원이 유언집행자가 된다. 총상속인 과반수 이상의 동의로 유언을 집행한다.

그런데 상속인 과반수 이상이 끝내 협조하지 않는 경우가 더러 있다. 그런 경우 수유자는 상속인들을 상대로 유증을 원인으로 한 소유권이전등기 청구의 소를 제기하여 승소하면 된다.

사인증여의 경우에도 사인증여계약서만 작성하고 별도로 법정유언방식에 따른 유언증서를 구비해 놓지 않았다면 유언집행자의 지정이 없으므로 위와 같다.

ⓒ 지정된 유언집행자도 없고 상속인도 없는 경우에는 법원이 선임한 사람이 유언집행자가 된다. 가정법원의 유언집행자 선임 심판서 등을 첨부정보로

제출하면 된다.

(3) 등기원인을 증명하는 정보

유언증서가 공정증서인 경우에는 유언증서를 첨부하면 되고, 자필증서, 녹음, 비밀증서에 의한 경우에는 유언증서와 유언검인조서등본을, 구수증서에 의한 경우에는 유언증서와 검인신청에 대한 심판서 등본을, 사인증여의 경우에는 그 사인증여계약서를 각 첨부하여야 한다.

주의할 것은 사인증여의 경우인데, 등기원인을 증명하는 정보는 증여계약서를 첨부하면 되지만, 앞 부분에서 설명한 유언집행자를 증명하는 서면은 유언방식이어야 하고 당연히 검인절차를 거친 것이어야 한다는 점이다. 다만, 집행자를 지정하지 않았으면 상속인 전원이 집행자가 된다.

상속인이 유언증서의 진정성에 대하여 이의를 제기한 사실이 유언검인조서에 기재된 경우에는 등기의무자 편에서 설명한 '검인이의 처리' 방법에 따른다.

차. 보험료 없는 보험, 돈 안 드는 보험 – 유언은 선택이 아니라 필수!

ⓐ 효자들이 섭섭해 한다. 아버지가 유언을 하지 않아서 불효자도 법정상속분대로 받도록 방치했다는 것이다. 맞는 말이다. 유언으로 효자에게 많이 줬으면 불효자는 유류분만 받는지, 아니면 유류분조차 못 받게 할 수도 있다.

ⓑ 상속인이 피상속인을 신체적 또는 정신적으로 학대하거나 장기간 유기하면 유류분권을 상실한다. 그러나 피상속인이 가만히 있으면 그 사람은 유류분권을 상실하지 않는다. 유류분보다 2배 이상 많은 법정상속분까지 받을 수 있다.

따라서 유언으로 재산 전부를 다른 상속인에게 유증하여 그 사람은 유류분도 못 받게 해 놓아야 한다. 그래야 유류분권을 상실시킬 수 있다. 나쁜 상속인이 있는 경우 유언은 선택이 아니라 의무다.

ⓒ 형제자매의 유류분권은 폐지되었다. 그런데 이를 상속권까지 없어진 것으로 오해하는 사람이 많다. 그렇지 않다. 상속권은 그대로 유지된다. 독신 성직자가 사망하고 직계존속도 없으면 그의 재산은 그대로 형제자매들에게 상속된다.

따라서 성직자의 재산이 소속 종단 또는 제3자에게 귀속되게 하려면 반드시 유언을 해야 한다. 유언은 누구나 가입할 수 있는, 돈 안 드는 보험이다.

ⓓ 일반적인 독신자로서 직계존속도 없는 경우 자신의 재산을 특정 조카에게 주고 싶다는 사람도 있다.

그런 경우 과거에는 형제자매의 유류분권 때문에 그 조카를 일반양자로 입양해야 했으나, 이제는 유언으로 조카에게 유증하면 된다. 굳이 입양하지 않아도 된다.

ⓔ 새아빠(새엄마)가 입양을 하지는 않았지만, 그와 함께 살고 있는 배우자의 전혼 자녀에게 재산을 물려주고 싶은 사람도 많은 것 같다.

그런 경우 반드시 유증을 해야 한다. 아무리 친자식으로 여기고 살아도 유언을 하지 않으면 상속재산을 받을 수 없다.

ⓕ 집을 나간 남편과 이혼도 못 했는데 남편이 내 재산을 상속하는 것은 막고 싶다. 졸혼선언을 하고 따로 사는 남편이 내 재산을 상속하는 것도 싫다.

마음이 그러면 재산 전부를 - 유언으로 자녀 또는 다른 사람에게 - 유증해야 한다. 그래야 다른 상속인들이 그 사람에 대해 유류분 상실을 청구하여 본인의 유지를 실현할 수 있다. 그래서 유언은 필수다. 돈 안 드는 보험이다.

ⓖ 며느리에게 못된 짓을 한 아버지로 인해 생을 마감하는 아들도 있다. 그런 경우 아들이 유언으로 아버지에 대한 상속권 상실의 취지를 남겨놓지 않으면 아버지가 아들의 재산을 상속할 수도 있다. 반드시 유언을 해야 한다.

ⓗ 딸이 죽고 난 뒤에 바람이 났다는 사위에게 내 재산이 상속되는 것도 싫다. 아들이 죽고 난 뒤에 애인이 생긴 며느리에게 내 재산이 상속되는 것도 싫다.

그러나 싫은 것을 마음에만 두고 있으면 상속을 막지 못한다. 전부 다른 사람에게 준다고 유언을 해야 한다. 그게 할 수 있는 최선이다.

ⓘ 유류분반환 소송을 제외한 상속분쟁의 대부분은 특별수익과 기여분 때문에 생긴다. 그런데 몫이 정해지지 않은 상속재산이 없으면 특별수익과 기여분으로 인한 다툼은 생길 여지조차 없다. 전부 몫을 정해 주면 된다.

배우자에게 50%를, 아들과 딸에게 각 25%씩 유증하는 식으로 유언을 해 두면 적어도 특별수익과 기여분으로 인한 다툼은 원천적으로 방지할 수 있다. 그런 경우 유언은 필수다.

ⓙ 유증재산을 이전하는 등 사후처리를 함에 있어 유언집행자를 지정해 두지 않으면 상속인 과반수의 동의가 있어야 한다. 그런데 뿔뿔이 흩어져 살다 보니 모이기도 어렵고 인감증명서를 주고 받기도 불편하다.

반면 유언으로 재산을 분배하고, 그 각각의 유증을 집행할 사람을 그 유증을 받는 상속인으로 지정해 두면 간편하게 사후처리를 할 수 있다. 남은 가족들에 대한 깊은 배려다. 건강할 때 보험에 가입한 것과 같다. 보험료 없는 보험이다.

뿐만 아니라 유언방식이 아닌 유언대용신탁 또는 사인증여 방식을 이용하여 재산을 물려주더라도 마지막에 남은 재산은 별도로 유증을 해야 한다. 이때도 유언집행자를 지정하는 것은 법정유언방식으로만 가능하다.

ⓚ 상속재산이 주택 한 채뿐이고 주택연금을 받는 경우, 신탁방식으로 배우자에게 승계하더라도 유류분 다툼을 완벽하게 피할 수는 없다.

이런 경우 그 주택을 배우자에게 유증하면서 "재산형성에 기여한 대가로 유증한다."라고 유언서에 적어 놓으면 유류분반환 대상에서 제외될 가능성이 높다. 배우자를 사랑한다면 반드시 유언을 해야 한다. 돈 안 드는 보험에 가입하자.

ⓛ 본인이 사망한 후 자식들이 남은 배우자를 부양하도록 담보하는 효도계약은 사인증여계약으로 해도 되겠지만, 자식들과 사이가 서먹해서 사인증여계약을 하기 어렵다면 부담부로 유증을 하면 된다. 이때도 유언은 필수다.

ⓜ 장례방법이나 제사주재자 지정 등은 유언으로만 하면 효력이 없다. 그러나 이런 내용을 부담으로 하는 부담부 유증을 하거나 부담조건부 사인증여계약을 하면 피상속인이 원하는 대로 이루어질 수 있다.

ⓝ 상속인들은 저마다 자신만이 효자이고 자신이 가장 많이 기여했다고 한다. 그래서 다툼이 생긴다. 그러나 대부분 근거는 없다. 말뿐이다.

생각해 보면 상속인들에게 준 재산내역과 기여의 정도를 가장 잘 아는 사람은 바로 피상속인이다. 재산을 나눠 준 내용과 상속인들이 기여한 내용을 유언으로 남겨 놓으면 상속인들이 다툴 수 없게 된다. 유언은 선택이 아니라 필수다.

ⓞ 유산을 받을 사람은 유언방식과 증인에 관한 규정을 잘 숙지하고 있어야 한다. 왜냐하면 유언장이 법정방식에 어긋나면 효력이 없게 되고 자신에

대한 유증이 무효가 되기 때문이다.

유산을 받을 사람은 유언방식에 관해 공부하여 부모님에게 법정방식에 맞게 유언하도록 안내하고 보필하는 것이 중요하다.

ⓟ 재산은 끊임없이 변한다. 새로운 재산이 생기고 재산의 가치가 급격하게 변하기도 한다. 상속인의 숫자가 변하기도 하고 상속인과의 관계도 변한다.

그래서 유언은 한 번으로 끝나지 않는다. 재산이 변하고 가족이 변하면 유언을 변경해야 한다. 새로운 보험에 가입하는 것과 같다. 그래도 보험료는 없다.

12장

상속회복청구권

12장 상속회복청구권

상속권을 침해하고 있는 상태를 배제함으로써 진정상속인의 권리를 회복하는 권리를 상속회복청구권이라고 한다.

가. 상속권 침해 사례 (예시)

ⓐ 장남이 동생들에게 상속처리에 필요하다며 인감증명서 몇 장과 인감도장을 달라고 하여 동생들이 협조해 주었는데, 이를 기회로 분할대상 토지를 상속을 원인으로 하여 자기의 단독명의로 이전한 경우

ⓑ 차남이 부모로부터 상속받은 토지를 자기 혼자 상속받았다는 허위의 보증서 및 확인서를 만들어 특별조치법에 따라 자기의 단독명의로 등기한 경우

ⓒ 상속이 개시된 후 인지되거나 재판의 확정에 의해 상속인이 된 자가 이미 분할 및 처분을 한 다른 공동상속인을 상대로 자기의 상속분에 상당한 가액의 지급을 청구하는 경우

ⓓ 상속포기의 신고를 한 자가 여전히 상속인으로 남아 있는 것처럼 행세하여 상속지분에 따른 소유권이전등기를 한 경우

나. 상속권 침해가 아니라는 경우 (예시)

ⓐ 애초 상속인이 아닌 자가 허위의 제적등본 등을 만들어 상속인인 것처럼 꾸며 소유권이전등기를 한 경우

ⓑ 장남이 관계서류를 위조하여 상속부동산을 등기원인을 매매로 하여 자신의 아들(피상속인의 손자) 명의로 이전한 경우

ⓒ 맏딸이 다른 상속인들 모르게 서류를 만들어 상속재산을 제3자에게 매각한 것처럼 소유권이전등기를 한 경우

ⓓ 피상속인이 유증을 철회하였음에도 수유자가 유증을 원인으로 소유권이전등기를 마친 경우

다. 시효

이 권리는 반드시 재판으로만 해야 한다는 규정은 없으나, 판례는 제소기간으로 보고 있으므로 반드시 기간 내에 재판을 청구하여야 한다.

1) 단기소멸시효 3년

자기가 진정한 상속인임을 알고 또 자기의 상속권이 침해된 사실 또는 자기가 상속에서 제외된 사실을 안 날부터 3년 내에 상속회복의 소를 제기해야 한다. 사후에 인지된 사람은 인지심판이 확정된 날부터 단기소멸시효가 진행된다.

2) 장기소멸시효 10년

상속권의 침해행위가 있은 날부터 10년이 지나면 상속회복청구권은 소멸한다. 이 기간의 준수 여부는 침해당한 재산별로, 침해한 상대방별로 각각 판단한다.

다만, 사후에 인지심판 등의 확정에 의하여 상속인이 된 자가 상속분에 상당한 가액의 지급을 청구하는 경우에는 10년의 장기소멸시효가 적용되지 않는다.

그러므로 피상속인이 사망한 후 10년이 지나 인지심판 등이 확정된 경우에는 그로부터 3년 내에 상속회복청구의 소를 제기하면 된다.

기 본 증 명 서 (상 세)

[폐쇄]

등록기준지	대구광역시 북구 침산동

구 분	상 세 내 용
작성	[가족관계등록부작성일]　2008년 01월 01일 [작성사유]　가족관계의 등록 등에 관한 법률 부칙 제3조제1항
폐쇄	[폐쇄일]　2015년 09월 15일 [폐쇄사유]　사망

구분	성　　명	출생연월일	주민등록번호	성별	본
본인	정영 (鄭英)　사망	1928년 07월 30일	280730-2	여	盈德

일반등록사항

구 분	상 세 내 용
사망	[사망일시]　2015년 09월 10일 20시 11분 [사망장소]　경상북도 경산시 경안로 208 [신고일]　2015년 09월 14일 [신고인]　비동거친족 모　화 [신고관서]　경상북도 경산시 동부동 [송부일]　2015년 09월 15일 [송부자]　경상북도 경산시 동부동장 [처리관서]　경상북도 경산시

위 기본증명서(상세)는 가족관계등록부의 기록사항과 틀림없음을 증명합니다.

2024년 04월 11일

법원행정처 전산정보중앙관리소 전산운영책임관 유진오

※ 위 증명서는「가족관계의 등록 등에 관한 법률」제15조제3항에 따른 등록사항을 현출한
상세증명서입니다.

발행번호 : 1194-2403-4714-1441

1 / 2

※ 전자가족관계등록시스템(https://efamily.scourt.go.kr)의 증명서 진위확인 메뉴에서 발급일부터 3개월까지
위변조 여부를 확인할 수 있습니다.

[별지 제6호 서식]

가 족 관 계 증 명 서 (상 세)

등록기준지	서울특별시 영등포구 은행로 1234

구분	성 명	출생연월일	주민등록번호	성별	본
본인	김본인(金本人)	1975년 01월 01일	750101-1234567	남	金海

가족사항

구분	성 명	출생연월일	주민등록번호	성별	본
부	김양부(金養父)	1953년 01월 01일	530101-1234567	남	金海
모	이양모(李養母)	1954년 01월 01일	540101-2345678	여	全州
배우자	박여인(朴女人)	1978년 01월 01일	780101-2345678	여	密陽
자녀	김외일(金外一)	1998년 01월 01일	980101-1234567	남	金海
자녀	김중이(金中二)	2006년 01월 01일	060101-3234567	남	金海
자녀	윤양자(尹養子)	2009년 01월 01일	090101-4345678	여	坡平
자녀	김중삼(金中三)	2012년 01월 01일	120101-3234567	남	金海
자녀	김양자(金養子) 사망	2014년 01월 01일	140101-4345678	여	金海

위 가족관계증명서(상세)는 가족관계등록부의 기록사항과 틀림없음을 증명합니다.

0000년 00월 00일

○○시(읍·면)장　○○○　　│ 직인 │

※ 위 증명서는 「가족관계의 등록 등에 관한 법률」 제15조제3항에 따른 등록사항을 현출한 상세증명서입니다.

[별지 제9호 서식]

입 양 관 계 증 명 서 (상 세)

등록기준지	서울특별시 영등포구 은행로 1234

구분	성 명	출생연월일	주민등록번호	성별	본
본인	김본인(金本人)	1975년 01월 01일	750101-1234567	남	金海

입양사항

구분	성 명	출생연월일	주민등록번호	성별	본
친생부	김친부(金親父)	1950년 01월 01일	500101-1234567	남	金海
친생모	이친모(李親母) 사망	1951년 01월 01일	510101-2345678	여	全州
양부	김양부(金養父)	1953년 01월 01일	530101-1234567	남	金海
양모	이양모(李養母)	1954년 01월 01일	540101-2345678	여	全州
양자	윤양자(尹養子)	2009년 01월 01일	090101-4345678	여	坡平

구 분	상 세 내 용
입양	[신고일] 2005년 01월 20일 [양자] 정양자 [입양승낙자] 부모
입양	[신고일] 2008년 02월 20일 [양부] 김양부 [양부의주민등록번호] 530101-1234567 [양모] 이양모 [양모의주민등록번호] 540101-2345678 [처리관서] 서울특별시 마포구
입양	[신고일] 2011년 03월 20일 [양자] 윤양자 [양자의주민등록번호] 090101-4345678 [입양승낙자] 부 윤친부, 모 권친모

발행번호 : 3193-2812-0968-2917   1 / 2

※ 전자가족관계등록시스템(https://efamily.scourt.go.kr)의 증명서 진위확인 메뉴에서 발급일부터 3개월까지 위변조 여부를 확인할 수 있습니다.

파양	[처리관서]　서울특별시 강남구
	[협의파양신고일]　2013년 04월 20일
	[양자]　정양자
	[양자의주민등록번호]　040101-3345678
	[파양협의자]　부 정친부, 모 송친모
	[처리관서]　서울특별시 강남구

위 입양관계증명서(상세)는 가족관계등록부의 기록사항과 틀림없음을 증명합니다.
단, 친양자입양관계는 친양자입양관계증명서에만 표시합니다.

0000년 00월 00일

○○시(읍·면)장　○○○　　［직인］

※ 위 증명서는「가족관계의 등록 등에 관한 법률」제15조제3항에 따른 등록사항을 현출한
상세증명서입니다.

발급시각 : 00시 00분
발급담당자 : ○○○
☎ : 000-000-0000
신청인 : 김본인

발행번호 : 3193-2812-0968-2917　　　　　　　　　　　　　　　　　　2 / 2
※ 전자가족관계등록시스템(https://efamily.scourt.go.kr)의 증명서 진위확인 메뉴에서 발급일부터 3개월까지
위변조 여부를 확인할 수 있습니다.

[별지 제8호 서식]

혼 인 관 계 증 명 서 (상 세)

등록기준지	서울특별시 영등포구 은행로 1234

구분	성 명	출생연월일	주민등록번호	성별	본
본인	김본인(金本人)	1975년 01월 01일	750101-1234567	남	金海

혼인사항

구분	성 명	출생연월일	주민등록번호	성별	본
배우자	박여인(朴女人)	1978년 01월 01일	780101-2345678	여	密陽

구 분	상 세 내 용
혼인	[신고일] 2000년 01월 20일 [배우자] 전여인
이혼	[협의이혼신고일] 2007년 02월 20일 [배우자] 전여인
혼인	[신고일] 2009년 03월 20일 [배우자] 박여인 [배우자의주민등록번호] 780101-2345678 [처리관서] 서울특별시 영등포구

위 혼인관계증명서(상세)는 가족관계등록부의 기록사항과 틀림없음을 증명합니다.

0000년 00월 00일

○○시(읍·면)장 ○○○ 　직인

※ 위 증명서는「가족관계의 등록 등에 관한 법률」제15조제3항에 따른 등록사항을 현출한
상세증명서입니다.

발행번호 : 3193-2712-0968-2916　　　　　　　　　　　　　　　　　　1 / 2
※ 전자가족관계등록시스템(https://efamily.scourt.go.kr)의 증명서 진위확인 메뉴에서 발급일부터 3개월까지
위변조 여부를 확인할 수 있습니다.

저자 약력

배명록

sangsok114@gmail.com

010-9984-7893 (문자 메시지 전용)

현) 상속법연구소 소장

국제공인재무설계사 (CFP®)

전) KB국민은행 대표 PB

전) KB국민은행연수원 자산관리과정 교수

전) CFP® 및 AFPK 상속설계, 은퇴설계 교수

전) CFP® 『재무설계 사례집』 저자(공저)

전) CFP® 및 AFPK 자격시험 출제위원

전) CFP® 및 AFPK 자격시험 인증위원

경북대학교/한국방송통신대학교 법학과

생명보험 언더라이터 (CKLU)

특강 등

AIG생명 한국본사, 신영증권 부산지점, 현대해상 대구본부, 대구·경북중소기업청 기술
정보진흥원, TBC 대구방송 「황상현의 人터뷰」 출연, 한국FP협회 컨퍼런스 및 포럼, 농협
중앙회 강원본부, 대구지방검찰청, 대구기독노인대학 등 다수

상속세 없는 상속법

초판발행	2025년 1월 10일
지은이	배명록
펴낸이	안종만·안상준
편 집	박세연
기획/마케팅	정성혁
표지디자인	Ben Story
제 작	고철민·김원표
펴낸곳	(주) **박영사**
	서울특별시 금천구 가산디지털2로 53, 210호(가산동, 한라시그마밸리)
	등록 1959.3.11. 제300-1959-1호(倫)
전 화	02)733-6771
f a x	02)736-4818
e-mail	pys@pybook.co.kr
homepage	www.pybook.co.kr
ISBN	979-11-303-4877-3 93360

*파본은 구입하신 곳에서 교환해 드립니다. 본서의 무단복제행위를 금합니다.

정 가	22,000원